2023
绿色食品发展报告

中国绿色食品发展中心　编

守正创新铸机制　　固本培元增总量
精益求精保质量　　包容并蓄树品牌

中国农业科学技术出版社

图书在版编目（CIP）数据

2023绿色食品发展报告 / 中国绿色食品发展中心编. -- 北京：中国农业科学技术出版社，2024.9. -- ISBN 978-7-5116-7088-5

Ⅰ. F426.82

中国国家版本馆CIP数据核字第202456M4N9号

责任编辑　史咏竹
责任校对　马广洋
责任印制　姜义伟　王思文

出 版 者	中国农业科学技术出版社
	北京市中关村南大街12号　　邮编：100081
电　　话	（010）82105169（出版中心）　（010）82106624（发行部）
	（010）82109709（读者服务部）
网　　址	https://castp.caas.cn
经 销 者	各地新华书店
印 刷 者	北京地大彩印有限公司
封面图片	湖北省宣恩县全国有机农业（茶）一二三产业融合发展园
开　　本	210 mm×285 mm　1/16
印　　张	5.5
字　　数	92千字
版　　次	2024年9月第1版　2024年9月第1次印刷
定　　价	68.00元

版权所有·翻印必究

《2023 绿色食品发展报告》编委会

主　　　编　张志华

执 行 主 编　张　宪　刘艳辉

副 　主　 编　唐　伟　马　雪　宋　晓　乔春楠

参 编 人 员　（按姓氏笔画排序）

刁品春　于　铭　王多玉　王俊飞　云岩春
田　岩　史美越　刘斌斌　刘新桃　闫志农
汤宇青　孙　辉　孙玲玲　杜志明　杜海洋
李继帅　杨　琳　杨　楝　杨远通　时松凯
吴秋艳　余汉新　沈光宏　宋　伟　迟　腾
张　月　张　慧　张凤娇　张会影　张金凤
张晓云　陆　燕　陈　倩　陈　曦　林园耀
周绪宝　赵　坤　赵　辉　赵建坤　郜维娓
修文彦　宫凤影　秦　芩　敖　奇　夏兆刚
徐淑波　栾治华　高继红　高照荣　黄艳玲
常　亮　常筱磊　盖文婷　董爱平　董博钊
雷秋园　穆建华

2023
绿色食品发展报告

目录 CONTENTS

第一篇 综述 01
一、发展政策 / 03
二、全国绿色食品和有机农产品发展概况 / 04
三、大事记 / 08

第二篇 绿色食品 11
一、产品发展 / 13
二、基地建设 / 20
三、标志管理 / 28
四、证后监管 / 29
五、技术支撑 / 34
六、体系队伍 / 46
七、品牌宣传 / 50
八、境外交流与合作 / 59

第三篇 中绿华夏有机农产品 61
一、产品发展 / 63
二、基地建设 / 67

三、跟踪检查 / 71

四、市场宣传 / 72

五、队伍建设 / 74

六、国际合作 / 75

第四篇 地理标志农产品　77

一、地理标志农产品发展情况 / 79

二、农产品品质规格营养功能评价 / 80

三、农耕农品记忆索引名录征集 / 81

第一篇

综 述

黑龙江五常市乔府大院农业股份有限公司绿色食品水稻基地（监管）

绿色食品发展报告 2023

第一篇 综 述

一、发展政策

（一）《中共中央 国务院关于做好2023年全面推进乡村振兴重点工作的意见》

2023年1月2日，中央一号文件《中共中央 国务院关于做好2023年全面推进乡村振兴重点工作的意见》发布。

文件强调，要推进农业绿色发展。加快农业投入品减量增效技术推广应用，推进水肥一体化，建立健全秸秆、农膜、农药包装废弃物、畜禽粪污等农业废弃物收集利用处理体系。推进农业绿色发展先行区和观测试验基地建设。强化受污染耕地安全利用和风险管控。建立农业生态环境保护监测制度。

（二）《质量强国建设纲要》

2023年2月6日，中共中央、国务院印发《质量强国建设纲要》（以下简称《纲要》）。

《纲要》提出，要提高农产品食品药品质量安全水平。严格落实食品安全"四个最严"要求，实行全主体、全品种、全链条监管，确保人民群众"舌尖上的安全"。强化农产品质量安全保障，制定农产品质量监测追溯互联互通标准，加大监测力度，依法依规严厉打击违法违规使用禁限用药物行为，严格管控直接上市农产品农兽药残留超标问题，加强优质农产品基地建设，推行承诺达标合格证制度，推进绿色食品、有机农产品、良好农业规范的认证管理，深入实施地理标志农产品保护工程，推进现代农业全产业链标准化试点。深入实施食品安全战略，推进食品安全放心工程。调整优化食品产业布局，加快产业技术改造升级。完善食品安全标准体系，推动食品生产企业建立实施危害分析和关键控制点体系，加强生产经营过程质量安全控制。加快构建全程覆盖、运行高效的农产品食品安全监管体系，强化信用和智慧赋能质量安全监管，提升农产品食品全链条质量安全水平。

（三）《农业农村部关于落实党中央国务院2023年全面推进乡村振兴重点工作部署的实施意见》

2023年2月3日，农业农村部一号文件《农业农村部关于落实党中央国务院2023年全面推进乡村振兴重点工作部署的实施意见》发布。

文件指出，2023年是全面贯彻落实党的二十大精神的开局之年，也是加快建设农业强国的起步之年。各级农业农村部门、乡村振兴部门要以习近平新时代中国特色社会主义思想为指导，全面贯彻落实党的二十大精神和中央经济工作会议、中央农村工作会议精神，深入贯彻落实习近平总书记关于"三农"工作的重要论述，完整准确全面贯彻新发展理念，加快构建新发展格局，着力推动高质量发展，坚持和加强党对"三农"工作的全面领导，坚持农业农村优先发展，坚持城乡融合发展，锚定建设农业强国目标，全力守住确保国家粮食安全和不发生规模性返贫两条底线，扎实推进乡村发展、乡村建设、乡村治理等重点任务，全面推进乡村振兴，加快农业农村现代化，建设宜居宜业和美乡村，为全面建设社会主义现代化国家开好局起好步打下坚实基础。

文件第四部分题为"加强农业资源保护和环境治理，推进农业绿色全面转型"，其中提出如下绿色食品相关工作重点。

一方面，集成推进农业面源污染防治。推进化肥农药减量增效。实施化肥减量化行动，建设施肥新技术、新产品、新机具集成配套样板区，推广应用智能化推荐施肥系统，推进多元替代减少化肥投入。建设100个绿色防控整建制推进县（农场）。修订禁限用农药名录，规范农药行业管理。开展农业废弃物资源化利用。启动畜禽粪污处理设施装备提升行动，推进绿色种养循环试点，推广生态种养模式。深入实施秸秆综合利用行动，建设一批全国秸秆综合利用重点县。加强农村沼气安全管理。扎实推进地膜科学使用回收试点，推行废旧农膜分类处置。发展生态低碳农业，打造一批国家级生态农场。稳妥推进农业农村减排固碳。建设绿色发展先行区。选择一批农业绿色发展先行区开展集成推进农业面源污染治理试点，探索建立整县全要素全链条综合防治工作机制。组织认定第三批国家农业绿色发展先行区，制定农业绿色发展监测评价指标体系。

另一方面，增加绿色优质农产品供给。深入推进农业生产和农产品"三品一标"，扩大绿色、有机、地理标志和名特优新产品规模。

二、全国绿色食品和有机农产品发展概况

2023年，全国绿色食品工作系统以习近平新时代中国特色社会主义思想为指导，认真贯彻落实习近平总书记关于"三农"工作重要论述以及中央一号文件、中央农村工作会议、全国农业农村厅局长会议精神，落细落小农业农村部党组决策部署，按照农产品

质量安全工作总体要求，以着力增加绿色优质农产品供给为目标，深入实施农业生产和农产品"三品一标"行动，推动以绿色食品、有机农产品和地理标志农产品为主体的绿色优质农产品高质量创新发展，为全面推进乡村振兴、加快建设农业强国，满足城乡人民对绿色化、优质化、特色化、品牌化农产品的消费需求发挥了积极作用。

（一）总量规模

截至2023年底，绿色食品、有机农产品获证单位共计31 406家，产品数量共计68 475个，同比分别增长15.27%、13.64%。

2022—2023年绿色食品和有机农产品获证单位数量与产品数量

产品类别	统计指标	2022年	2023年	同比增速
绿色食品	单位（家）	25 928	30 047	15.89%
	产品（个）	55 482	63 653	14.73%
有机农产品	单位（家）	1 318	1 359	3.11%
	产品（个）	4 772	4 822	1.05%
总计	单位（家）	27 246	31 406	15.27%
	产品（个）	60 254	68 475	13.64%

（二）分品类结构

截至2023年底，在绿色食品、有机农产品获证单位中，绿色食品30 047家，占95.7%；有机农产品1 359家，占4.3%。在获证产品中，绿色食品63 653个，占93.0%；有机农产品4 822个，占7.0%。

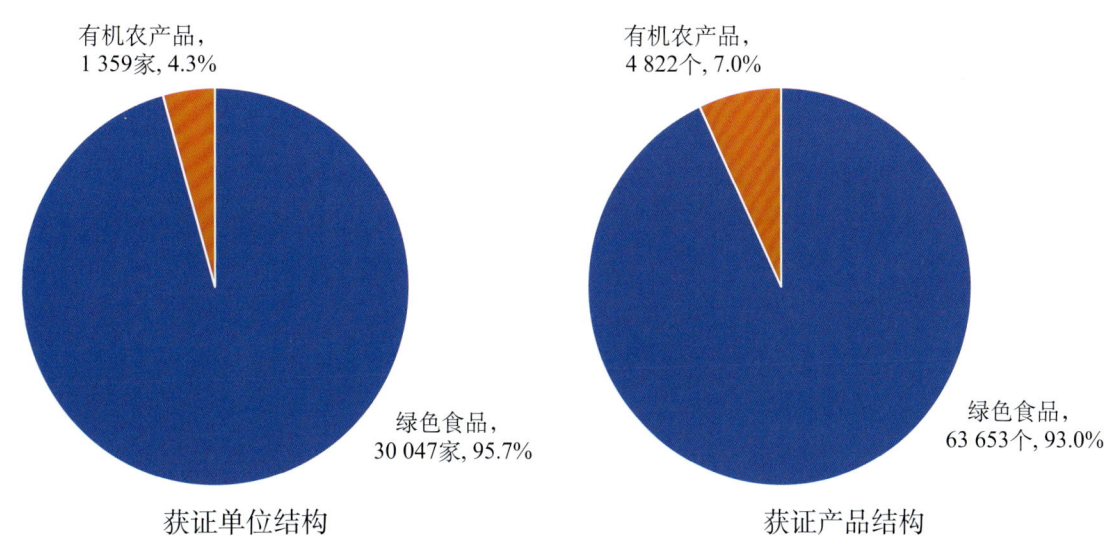

获证单位结构　　　　　　获证产品结构

（三）基地建设

截至 2023 年底，全国绿色食品原料标准化生产基地建设单位 539 个，原料基地 784 个，涉及水稻、玉米、大豆和小麦等百余种区域优势农产品和特色产品，总面积超过 1.82 亿亩（1 亩 ≈667 平方米，全书同），带动超过 2 220 万户农户参与基地建设。有机农产品基地 128 个，涉及稻米、蔬菜、水果、茶叶、畜牧产品和水产品等，其中，种植面积 201.3 万亩，天然草场放牧面积 5 634.2 万亩，水产养殖面积 129.8 万亩。

（四）品牌效应

2023 年，绿色食品国内销售额达 5 856.56 亿元，同比增长 8.5%，出口额为 31.60 亿美元，同比增长 0.6%。绿色食品产地环境监测的农田、果园、茶园、草原、林地和水域面积为 1.57 亿亩，同比增长 0.6%。

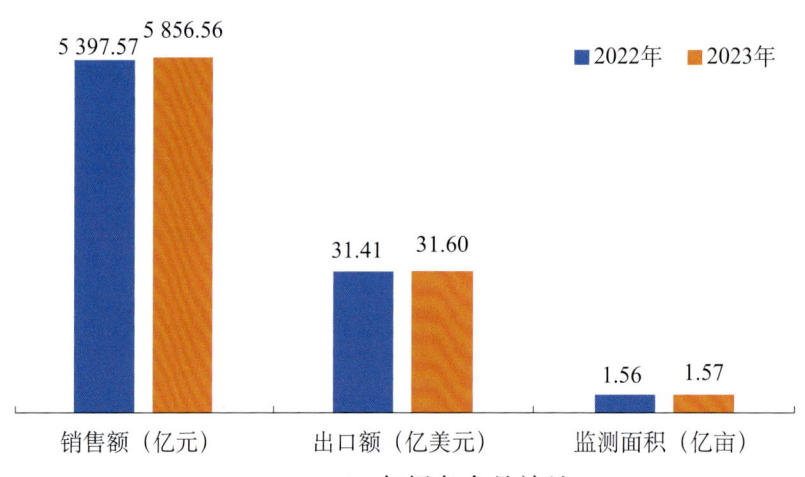

2022—2023 年绿色食品效益

（五）区域发展

东部地区　2023 年，北京、天津、河北、上海、江苏、浙江、福建、山东、广东和海南 10 个省份绿色食品、有机农产品获证单位 11 308 家，产品 23 081 个，分别占总数的 36.0% 和 33.7%。

中部地区　2023 年，山西、安徽、江西、河南、湖北和湖南 6 个省份绿色食品、有机农产品获证单位 9 795 家，产品 19 742 个，分别占总数的 31.2% 和 28.8%。

西部地区　2023 年，内蒙古、广西、重庆、四川、贵州、云南、西藏、陕西、甘肃、青海、宁夏和新疆12个省份绿色食品、有机农产品获证单位7 916家，产品19 034个，分别占总数的25.2%和27.8%。

东北地区　2023年，辽宁、吉林和黑龙江3个省份绿色食品、有机农产品获证单位2 316家，产品6 416个，分别占总数的7.4%和9.4%。

境外地区　2023年，境外地区绿色食品、有机农产品获证单位71家，产品202个，分别占总数的0.2%和0.3%。

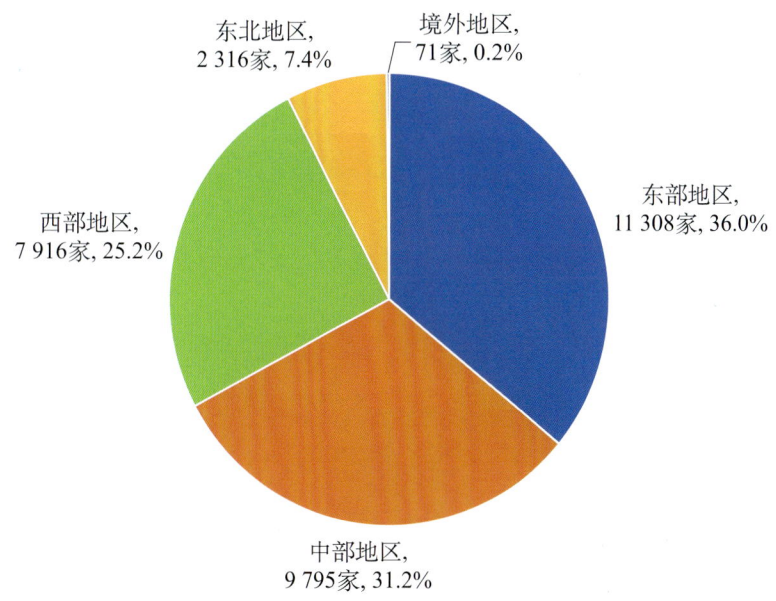

各区域绿色食品、有机农产品获证单位数量

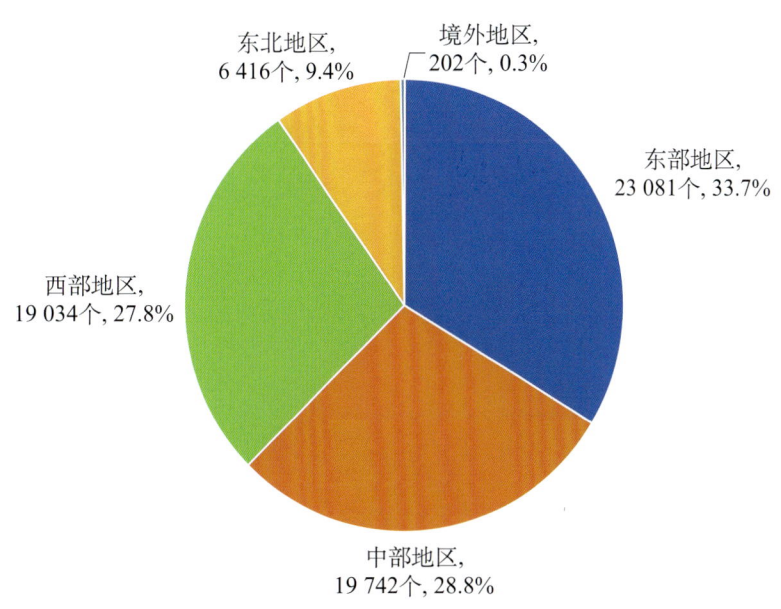

各区域绿色食品、有机农产品获证产品数量

三、大事记

2023年2月24日

中国绿色食品发展中心发布《中国绿色食品发展中心关于加快推进以绿色有机地标为主体的绿色优质农产品高质量创新发展的通知》（中绿发〔2023〕1号）（以下简称《通知》）。

《通知》指出：2023年是全面贯彻落实党的二十大精神开局之年，也是加快建设农业强国的起步之年。全国绿色食品工作系统要以习近平新时代中国特色社会主义思想为指导，认真贯彻落实习近平总书记关于"三农"工作重要论述和中央一号文件、中央农村工作会议、全国农业农村厅局长会议精神，落细落小部党组决策部署，按照农产品质量安全工作总体要求，以着力增加绿色优质农产品供给为目标，深入实施农业生产和农产品"三品一标"行动，推动以绿色有机地标为主体的绿色优质农产品高质量创新发展，为加快建设农业强国、推进农业农村现代化，满足城乡人民对绿色化、优质化、特色化、品牌化农产品消费需求发挥更加积极的作用。

《通知》进一步强调并细化了"守正创新铸机制，固本培元增总量，精益求精保质量，包容并蓄树品牌"新时期绿色优质农产品工作的发展思路和推进措施。确立了当前和今后一个时期中国绿色食品发展中心和全国绿色食品工作系统工作的主题和主攻方向。

3月31日—4月2日

第二十二届中国绿色食品博览会（以下简称绿博会）在合肥滨湖国际会展中心成功举办。该届博览会由中国绿色食品发展中心、中国绿色食品协会和安徽省农业农村厅、合肥市人民政府共同主办。博览会宗旨为"展示成果、促进产销、振兴乡村"，推行绿色生产、发展优质产品、服务公众健康。

绿博会展览面积约20 000平方米，设置900余个国际标准展位，有35个展团的2 000余家企业参展，参展产品7 000余个，包括绿色食品、地理标志农产品、绿色食品生产资料、地方特色优质农产品及加工食品。

安徽省人民政府副省长张曙光，农业农村部原总农艺师、中国绿色食品协会会长马爱国，农业农村部农产品质量安全监管司司长肖放等领导莅临博览会参观指导并出席了有关活动。

第二十二届中国绿色食品博览会

2023
绿色食品发展报告

第二篇

绿色食品

安徽砀山梨绿色食品基地

第二篇　绿色食品

一、产品发展

（一）积极推动绿色优质农产品高质量创新发展

2023年，中国绿色食品发展中心紧紧围绕"增总量、保质量、树品牌、铸机制"目标任务，加强对各地规划指导，统筹区域布局，突出各地资源特色，不断优化产业产品结构，提高畜禽水产品和精深加工产品比例，满足城乡居民对绿色优质农产品多元化消费需求。

持续推进绿色食品发展扩增量 2023年全年评审完成初次申请企业7 673家，产品14 078个，较2022年分别增长54.3%和48.8%；完成续展企业5 082家，产品11 236个，企业续展率62%，产品续展率66%，续展率较2022年同期分别提高2%和3%。

全力护航绿色食品质量再提升 聚焦重点产品，持续跟进食用农产品"治违禁、控药残、促提升"三年行动，对11个重点产品全面落实省级工作机构现场检查；从严开展豇豆申报绿色食品审查，严格落实生产高风险时段检查，严查生产管理和农药使用，组织开展专题调研，总结绿色食品豇豆生产成功做法，形成专项报告。健全续展通报制度，如发生续展不通过情况则直接通报至相关省级工作机构主管领导，进一步压实审查责任。

编写《绿色食品申报指南》系列丛书 组织有关行业专家和绿色食品检查员共同编写完成《绿色食品申报指南·食用菌卷》《绿色食品申报指南·水产卷》等图书，为绿色食品特色农产品、水产品生产者申报提供有力技术指导，同时为推动绿色食品产业产品结构优化提供重要技术支撑。

 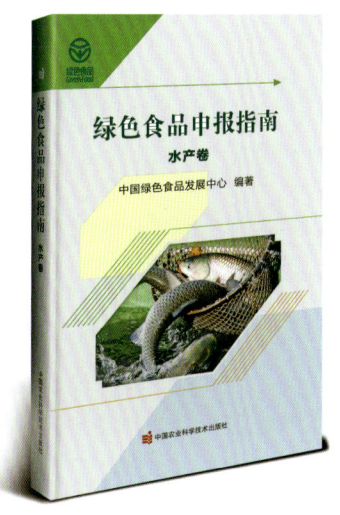

《绿色食品申报指南·食用菌卷》和《绿色食品申报指南·水产卷》

（二）从严审查把关，全面加强现场检查核查

紧盯关键环节，针对绿色食品生产中投入品使用、畜禽和水产品饲料来源、深加工产品原料来源等关键环节存在的风险隐患，对18个省市的32家高风险绿色食品申报企业开展现场核查，全面排查风险，通过率为67%，核查工作成效显著，为绿色食品高质量发展提供有力的支撑保障。组织5个调研组对内蒙古、辽宁等7个省级工作机构实施续展工作跟踪评价调研，对24家绿色食品续展企业的质量管理、标准执行、规范用标、内部检查员履职、企业档案记录管理等情况进行核查，进一步提高续展工作实效，确保续展工作质量稳定。

地方典型

松江米业肥水不流外人田，打造"种养结合"产业化发展新模式

上海松林米业有限公司隶属于上海松林食品集团，自2008年起，该公司以"一片良田＋一座小猪场"种养结合家庭农场为基本生产单元，创新发展"公司＋合作社＋家庭农场"产业化经营方式，建立了农业全产业链生态循环生产体系。目前，松江水稻种植面积为12 000多亩，1.1万亩水稻于2017年获得绿色食品证书，898亩大米通过了有机产品认证，实现了绿色有机大米100%全覆盖。

1. 种养生产标准化

该公司坚持农业绿色发展理念，构建了"养猪种稻，种养结合"绿色生态农业、循环农业的绿色产业体系。该公司共有108个种粮家庭农场，每个家庭农场有一栋规模1 500头猪的猪舍并配套150～200亩水稻田和田间发酵池。公司与种养结合家庭农场建立稻米生产标准化生产管理模式，提供技术指导和服务，统一育苗、栽培，统一施肥、用药，统一收割、加工，统一宣传、销售，确保松林牌大米的质量。生猪养殖由集团公司对合作社统一供应仔猪、统一技术指导、统一疫病防控、统一屠宰加工、统一检疫检验、统一包装销售。通过把养猪场建在稻田中，将猪粪尿发酵后作为有机肥施入稻田，化肥用量减少了60%

以上，有效改善了土壤质量；实现了养殖废弃物资源化利用，促进了农业生态循环和可持续发展；降低了种植生产成本，提高了大米品质。

2. 质量管理规范化

该公司对每个签约农户进行严格的种植生产管理、做好田间档案农事记录；田间设有多个摄像装置进行种植全程监督管控，进一步完善种植及收割管理工作，对每批稻谷实现源头可追溯，确保稻谷的质量管控，从源头上提高大米品质。经农业农村部稻米及商品质量监督检测中心检测，糙米率、精米率、整精米率、胶稠度、蛋白质含量5项指标均达到国家一级优质米品质标准；经SGS权威部门检测，509种农药及相关化学品零残留。

3. 市场建设产业化

品牌化是传统农业向都市现代绿色农业发展的必经之路，该公司在品牌建设上坚持打绿色发展牌，在市场建设上统一运营，多元化发展。除在门店和网上商城销售外，还与盒马鲜生、大润发、天猫、京东等新零售企业与商超合作；积极参与农产品交易会以及绿色、有机博览会等各类展会；建立了自己的网站、

上海松林米业有限公司绿色食品稻田

公众号，打造优质农产品品牌，增强优质优价品牌产品的市场竞争力。获得第十九届中国绿色食品博览会"金奖"等荣誉。

"公司＋农民合作社＋家庭农场"模式，形成了农业产业化联合体，不仅提高了农业生产组织化程度和农业综合生产能力，还提高了农业综合竞争能力，促进农业增效、农民增收，累计带动农户增收430多万元。在各级政府的大力扶持和关心下，通过强有力组织、引导、服务，上海松林米业有限公司团队顽强拼搏，家庭农场勤奋耕耘，打造出具有上海特色的安全、卫生、优质的"松林牌"系列食品，为发展上海都市现代绿色农业事业发挥了积极作用。

（三）获证单位与产品

2023年，绿色食品颁证单位共计12 706家，获证产品共计25 616个，同比分别增长34.3%和30.6%；绿色食品有效用标单位共计30 047家，用标产品共计63 653个，同比分别增长15.9%和14.7%。

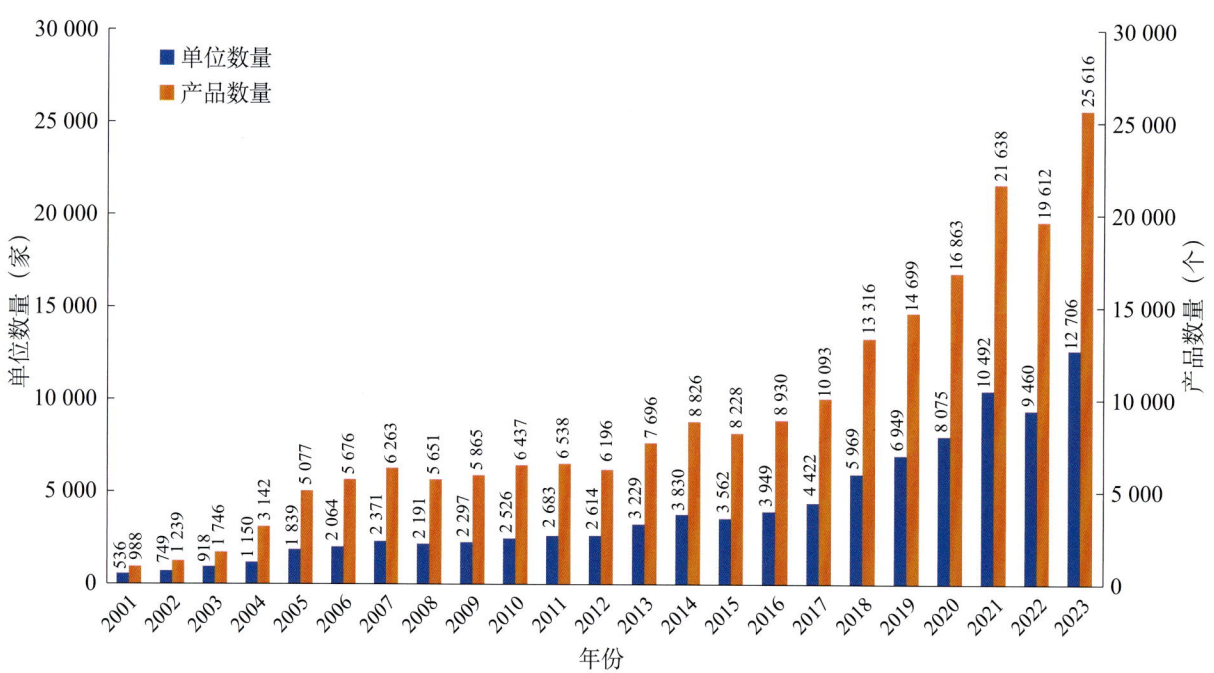

2001—2023年绿色食品获证单位数量与产品数量

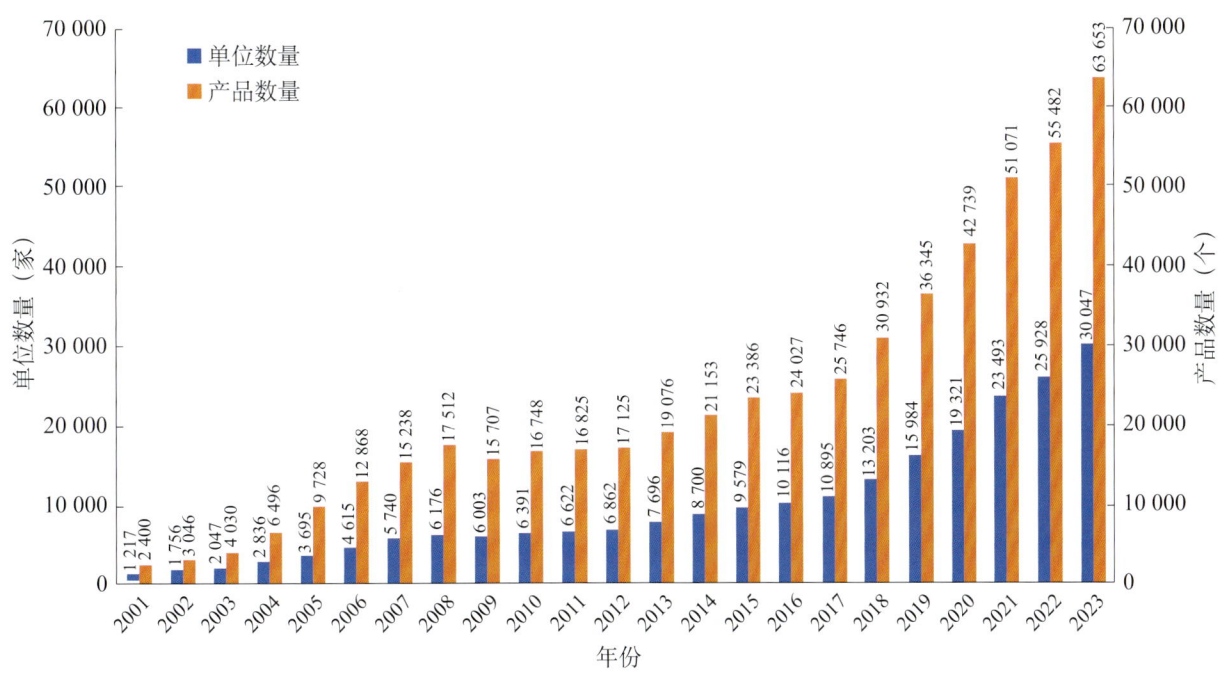

2001—2023 年绿色食品有效用标单位数量与产品数量

1. 获证产品结构

产品类别结构　2023 年，在绿色食品有效用标产品中，农林及加工产品 51 616 个，占 81.1%；畜禽类产品 2 062 个，占 3.2%；水产类产品 747 个，占 1.2%；饮品类产品 7 409 个，占 11.6%；其他产品 1 819 个，占 2.9%。

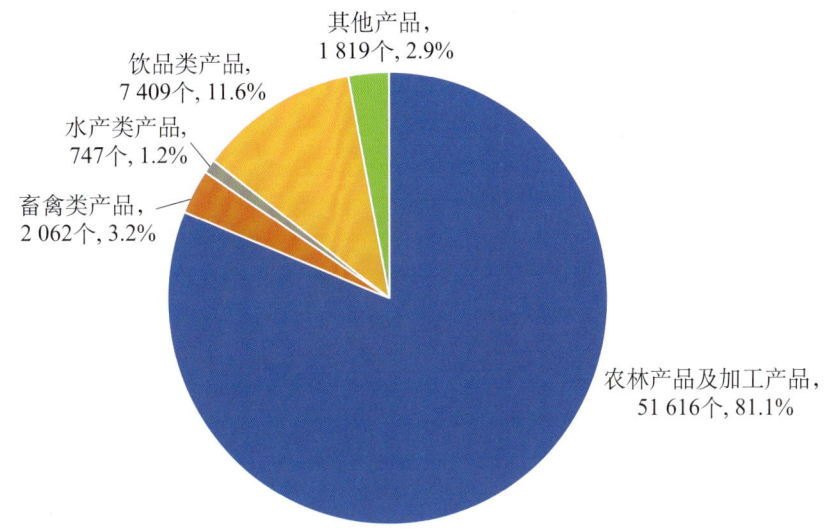

2023 年绿色食品各类别产品数量及其占比

产品级别结构　2023 年，在绿色食品有效用标产品中，初级产品 39 424 个，占

62%；加工产品 24 229 个，占 38%。在加工产品中，初加工产品 21 416 个，占 33.6%；深加工产品 2 813 个，占 4.4%。

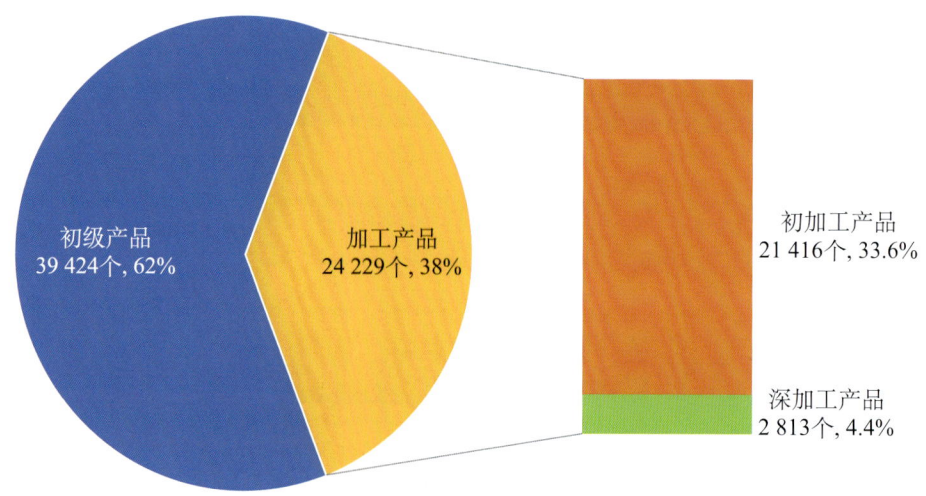

2023 年绿色食品各级别产品数量及其占比

2. 区域发展情况

东部地区 2023 年，北京、天津、河北、上海、江苏、浙江、福建、山东、广东和海南 10 个东部地区省份绿色食品有效用标单位 10 954 家，有效用标产品 21 794 个，分别占绿色食品有效用标单位和有效用标产品总数的 36.46% 和 34.24%。

中部地区 2023 年，山西、安徽、江西、河南、湖北和湖南 6 个中部地区省份绿色食品有效用标单位 9 468 家，有效用标产品 18 744 个，分别占绿色食品有效用标单位和有效用标产品总数的 31.51% 和 29.45%。

西部地区 2023 年，内蒙古、广西、重庆、四川、贵州、云南、西藏、陕西、甘肃、青海、宁夏和新疆 12 个西部地区省份绿色食品有效用标单位 7 429 家，有效用标产品 17 558 个，分别占绿色食品有效用标单位和有效用标产品总数的 24.72% 和 27.58%。

东北地区 2023 年，辽宁、吉林和黑龙江 3 个东北地区省份绿色食品有效用标单位 2 188 家，有效用标产品 5 546 个，分别占绿色食品有效用标单位和有效用标产品总数的 7.28% 和 8.71%。

境外地区 2023 年，境外地区绿色食品有效用标单位 8 家，有效用标产品 11 个，分别占绿色食品有效用标单位和有效用标产品总数的 0.03% 和 0.02%。

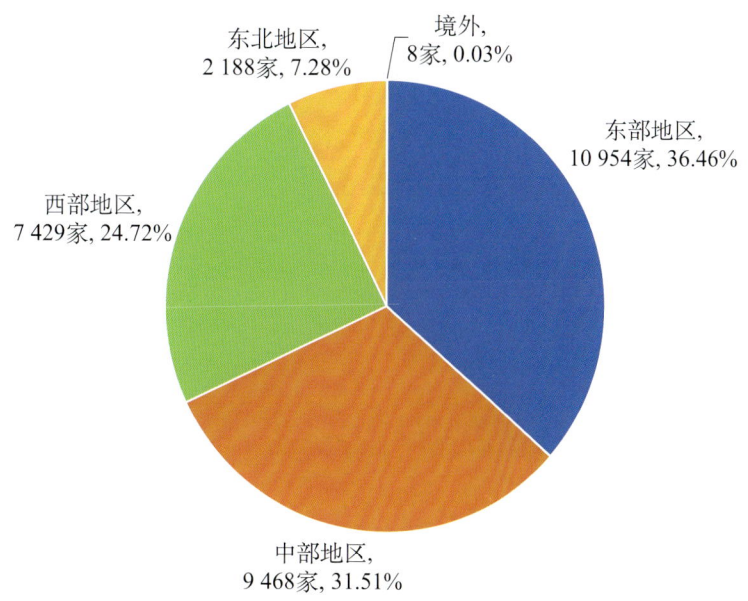

2023年各区域绿色食品有效用标单位数量及其占比

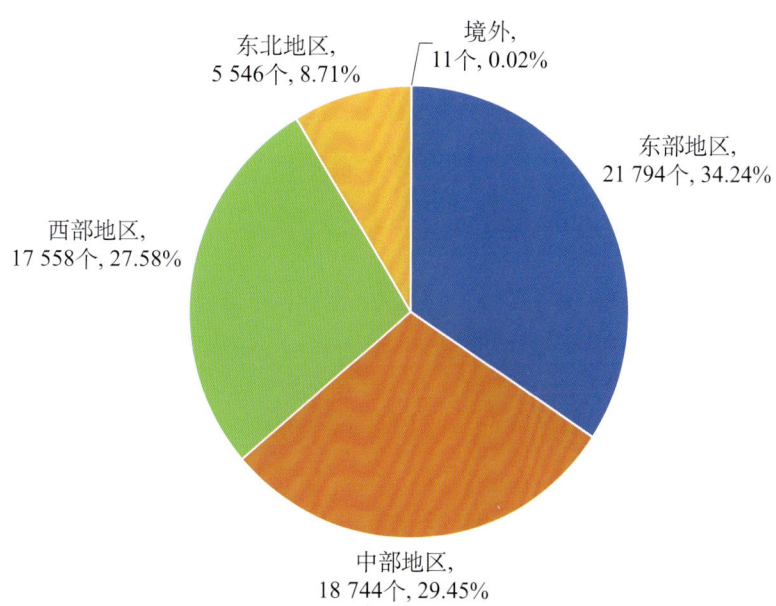

2023年各区域绿色食品有效用标产品数量及其占比

3. 龙头企业发展情况

在2023年绿色食品有效用标单位中，各级农业产业化经营龙头企业8 162家，产品21 664个。其中，国家级龙头企业420家、产品1 453个；省级龙头企业2 994家，产品8 774个；地市县级龙头企业4 748家，产品11 437个。

各级农业产业化经营龙头企业绿色食品发展情况

项目	龙头企业合计		国家级龙头企业		省级龙头企业		地市县级龙头企业	
	企业数量（家）	产品数量（个）	企业数量（家）	产品数量（个）	企业数量（家）	产品数量（个）	企业数量（家）	产品数量（个）
数量	8 162	21 664	420	1 453	2 994	8 774	4 748	11 437
比例	27.2%	34.0%	1.4%	2.3%	10.0%	13.8%	15.8%	18.0%

注：比例指各级龙头企业数量、产品数量分别占绿色食品有效用标单位总数、产品总数的比例。

二、基地建设

（一）全国绿色食品原料标准化生产基地

2005年8月，农业部[①]正式启动了绿色食品原料标准化基地建设工作。经过多年的探索与实践，绿色食品基地构建了地方政府、龙头企业与基地农户共同参与，标准化、产业化与品牌化融合发展，经济效益、生态效益与社会效益协调统一的发展模式，在满足绿色食品加工企业需求、为绿色食品加工产品提供稳定优质的原料、夯实绿色食品产业发展的基础、放大绿色食品品牌效应、推动增加绿色优质农产品供给等方面发挥了积极作用。绿色食品基地建设日益成为县级人民政府提高农业标准化生产和农产品质量安全水平的重要抓手，助力乡村振兴、联农带农、带动农民增收的有效途径。截至2023年底，全国共有绿色食品原料标准生产基地784个，面积约1.82万亩，基地产品涉及水稻、玉米、大豆、小麦等百余种地区优势农产品和特色产品，带动农户近2 200万户。

地方典型1

龙头引领建基地　绿色产业促振兴

——江苏省淮安市涟水县绿色食品原料（水稻）标准化生产基地

2023年12月，涟水县成功创建40万亩全国绿色食品原料（水稻）标准化生产基地，在生态农业发展方面迈上新台阶。

涟水县坚定不移地把培大育强农业龙头企业作为切入点，经过多年培育，

[①] 中华人民共和国农业部，简称农业部。2018年，国务院机构改革，将农业部的职责整合组建中华人民共和国农业农村部，简称农业农村部。

形成酒类酿造、肉制品加工、粗粮饮料、调味品生产、食品机械制造等相对完整的食品工业体系，现有食品企业155家，为绿色食品原料基地建设奠定了坚实基础。

为有效推进食品产业发展，涟水县在全国绿色食品原料（水稻）标准化生产基地创建核心区域高沟镇规划建设10.73平方千米的食品产业园，重点发展酒品饮料、有机休闲食品等产业。园区以江苏今世缘酒业股份有限公司为龙头，先后招引和培育江苏涟水大米实业发展有限公司、威尔森（淮安）生物科技有限公司等一批优质企业。涟水县通过积极引导食品企业在周边建设原料供应基地、签订大宗采购合同等方式，加强与县域内经营主体和种植大户的合作。

涟水县充分发挥江苏今世缘酒业股份有限公司的带动作用，依托食品产业园等园区平台，充分利用现代农业产业项目资金和稻谷补贴等政策支持，有序推进新型经营主体绿色优质农产品建设，大力推动合作社、家庭农场等新型经营主体发展绿色食品。江苏益南农业发展有限公司、江苏丰济仓生态农业发展有限公司、涟水县涟绿生态水稻种植专业合作社、涟水县素云家庭农场等16个生产主体共获得25个绿色食品大米证书。

涟水县紧紧围绕"标准化、生态化、绿色化"，着力强化稻米生产全过程管控。健全组织管理体系、基础设施和环保、生产管理、农业投入品管理、技术服务、监督管理、产业化经营七大体系，严把区域布局、优质品种选用、基地管理监测、农

江苏今世缘酒业股份有限公司

户生产档案、基地环境保护五大关口。统一制定《绿色食品水稻种植技术操作规程》和《绿色食品生产记录台账（种植业）记录册》，县镇村三级技术人员指导基地单元负责人按照规程进行水稻种植，实施严格的质量管理追溯制度。

涟水县制定基地环境保护管理制度，出台《涟水县畜禽规模养殖场粪污治理技术方案》，全县271个规模养殖场全部实现"四分五防三配套"标准，185个非规模养殖场都建有粪污收集设施，全面杜绝畜禽粪污偷排、直排现象。当地农业农村和生态环境部门共同制定《涟水县畜禽养殖区域布局调整优化方案》，规模养殖场粪污治理率保持100%，畜禽粪污综合利用率达95%以上。

涟水县注重农业科技创新，出台人才引进政策，加快绿色食品产业链人才培养和引进，2023年出台《优质稻米产业高质量发展三年行动计划》。

为促进优质稻米产业发展，涟水县统筹帮促资金投资建设涟水大米加工厂，组建江苏涟水大米实业发展有限公司，集中力量打造"涟水大米"品牌，开展"涟水大米"生产基地建设，申请"涟香缘""福香涟"等注册商标14件，全县现有稻米品牌51个。

涟水县鼓励引导江苏今世缘酒业股份有限公司、江苏涟水大米实业发展有限公司、涟水县河网飞波粮油加工厂等企业采取"龙头企业＋基地＋农户""龙头企业＋合作社＋农户"等经营模式，开展订单种植，高于市场价格保护价收购水稻，推动村集体和农户持续稳定增收。

江苏涟水大米实业发展有限公司

地方典型 2

提质增量优结构——河南省周口市鹿邑县稳步推进绿色食品原料基地高质量发展

2021年12月，鹿邑县获批100万亩全国绿色食品原料（小麦、玉米、高粱）标准化生产基地，这标志着占全县91.9%的耕地驶上了绿色发展的快车道。县委、县政府牢固树立绿色发展理念，遵循七大管理体系建设，把绿色食品原料标准化生产基地建设作为保障国家粮食安全、推进农业高质量发展的具体抓手，持续推动，初步形成布局区域化、生产标准化、经营规模化、方式绿色化、产品品牌化的农业发展新格局，取得了良好的经济效益、社会效益、生态效益。

1. 加强组织领导，完善基地建设机制

鹿邑县全国绿色食品标准化生产基地标识牌

鹿邑县委、县政府成立了专门的领导机构，县政府主要领导任组长，分管领导任副组长，20个相关单位为成员，设立专门办公室负责基地技术服务和质量保障体系落地实施。形成目标具体、责任压实、服务到户、监管到位、考核明晰、运转高效的组织管理体系。形成"创品牌、育品牌、护品牌、用品牌"的良好氛围。

2. 改善基础设施，优化农业生态环境

以提升耕地地力、高效节水灌溉、改善农田生态为重点，推进高标准农田建设与原料生产基地建设有效衔接，全域化推进，智慧化管理，常态化管护，基地良种覆盖率100%，田间道路通达率、机械化率、灌溉保证率均达到100%，实现了"田成方、林成网、渠相通、路相连、旱能浇、涝能排、地力足、灾能减"，粮食综合生产能力大幅提升。

3. 强化技术指导，提升监管服务水平

按照集约化、规模化、组织化、标准化要求，对基地区域分布进行统一编号，建立生产档案，农户档案，确保产品生产过程可追溯。基地单元内农户落实"统一优良品种、统一生产操作规程、统一投入品供应和使用、统一田间管理、统一收获""五统一"制度。

4.延长产业链条,拓展农业发展空间

坚持推行以"绿色食品品牌为纽带,龙头企业为主体,原料基地为依托,农户参与为基础"的产业化发展模式,提升农产品精深加工技术水平,推动基地粮食由"食"字号、"原"字号向"健"字号、"药"字号转变。目前,全县共有县级以上农业产业化龙头企业35家,绿色食品47个,全国名特优新农产品10个,地理标志农产品2个。

高粱生产基地

（二）全国绿色食品（有机农业）一二三产业融合发展园区

根据《国务院办公厅关于推进农村一二三产业融合发展的指导意见》和农业部印发的《农村一二三产业融合发展推进工作方案》,中国绿色食品发展中心着眼"发挥优势、突出特色、拓展功能、延长产业链条",于2016年启动全国绿色食品（有机农业）一二三产业融合发展园区试点创建工作。各地结合优势农产品区域和现代农业布局规划,坚持"发挥优势、突出特色、拓展功能、延长产业链条"的原则,积极推动绿色食品（有机农业）一二三产业融合发展园区建设,加强园区融合发展政策落实创设,拓展园区建设路径、延长产业链、价值链、增收链,提升园区影响力和品牌效益。园区推广绿色有机理念,打造融合典范,全方位带动了农业产业高质量发展,助力乡村产业振兴。截至2023年底,累计建成全国绿色食品（有机农业）一二三产业融合发展园区44个。

企业丰采 1

鸭绿江谷地孕珍奇　葡萄美酒添"欣意"
——吉林通化通天酒业全国绿色食品葡萄酒一二三产业融合发展园区

通化通天酒业有限公司创立于 2001 年，坐落于吉林省通化县，为国内知名的专业葡萄酒生产企业，厂区占地面积约 12 公顷，拥有世界一流的葡萄酒生产线，年生产能力 39 000 吨，原汁储藏能力 2 万余吨，现有员工 300 余人，技术力量雄厚。

该公司积极响应国家关于一二三产业融合发展的战略部署，充分利用集安鸭绿江谷地独特的地理环境和资源优势，致力于打造以葡萄酒产业为核心的一二三产业融合发展模式。园区拥有国际标准化葡萄种植基地、葡萄酒酿造及加工生产基地、中国山葡萄酒博物馆及雅罗酒庄等多个功能区，实现了从葡萄种植、葡萄酒生产与销售到旅游观光等全产业链覆盖。

该公司的国际标准化葡萄种植基地位于吉林省集安市，为中国三大葡萄产区之一。园区在发展过程中始终坚持绿色发展理念，通过租赁自建和订单收购的方式与农户实现利益共享。在种植过程中，严格遵循绿色食品生产标准，采用农业防治与生物防治相结合、增施有机肥等措施，确保葡萄原料的品质与安全，实现了基地生态环境的持续改善。园区严格执行种植、加工生产记录制度，建立完整文档记录体系，生产过程中各项物料的投入、产出，产品的包装、运输、储藏、加工、销售各个环节都详细记录，从而保证产品质量的可追溯性。基地建立了完善的原料速测和产品检测体系，具备质量安全检测能力。通过引进先进的葡萄酒生产工艺和设备，提高生产效率，降低能耗，实现绿色生产。

园区注重品牌建设，积极推广绿色食品理念，提升品牌影响力和产品附加值。与公司酿造基地毗邻的葡萄酒文化产业园、主题公园被评为国家 4A 级旅游景区，位于种植基地附近的雅洛酒庄被评为国家 3A 级景区。该公司拥有"通天"及"通天红"两大品牌，产品系列丰富，先后荣获"中国名优葡萄酒""全国公众推荐名优品牌""亚太地区消费者满意品牌""吉林省名牌产品""中国葡萄酒行业十大品牌"等称号，2010 年 9 月"通天红冰白葡萄酒"获得克隆宾杯国际葡萄酒金奖。该公司相继通过ISO9001国际质量管理体系认证、国家级诚信体系认证、国家地理标志保护产品认证、有机产品认证、绿色食品认证，"通天"品牌被国家知识产权局商标局认定为中国驰名商标。

通天酒业通过发展绿色葡萄种植产业，带动周边2 400余户农户增收，户年均收入增加12 000元。同时，企业长期用工近百人，为农户提供稳定的收入来源，实现了企业与农户共赢。

通化通天酒业全国绿色食品葡萄酒一二三产业融合发展园区

企业丰采2

浙江安吉宋茗白茶有限公司

浙江安吉宋茗白茶有限公司于2020年获批全国绿色食品一二三产业融合发展园区。园区总面积2 600亩，依托千亩安吉白茶资源，聚力打造"一园一院一中心"（中国安吉宋茗茶博园、浙江安吉白茶产业研究院、宋茗安吉白茶研发中心），融产茶、研茶、品茶、演茶于一身，集住宿、餐饮、休闲、娱乐、购物于一体，着力做好茶文化、茶产业、茶科技"三茶统筹"文章。

在全国绿色食品原料标准化生产基地建设工作的推动下，园区强化绿色食品产地环境质量要求，依托浙江安吉白茶产业研究院，注重产地优化和环境保护，全面进行生态化改造提升。茶园内种植了香榧、红豆杉、山核桃等植物，生物丰富多样，白叶一号茶苗与竹林、树林、水系形成的茶园小气候特色凸显，先后被评为国家级3A级景区、工业旅游示范基地、中学科普及研学基地、全国最美三十座茶园之一。

园区全产业推广国家绿色食品生产标准，落实《安吉白茶绿色原料生产操作规程》，协同监测、建档跟踪订单茶农的7 000亩茶园土壤、植被、生物环境和茶园培育。园区拥有现代化生产厂房20 800平方米，引进国内最先进的茶叶加工生产线10条，严格推行绿色食品标准化生产。绿色食品种植面积从最初的1 000亩增加至9 600亩，年产量从最初的12.5吨增加至100吨。"宋茗"牌安吉白茶系列产品深受全国各地消费者青睐，市场遍及全国30多个省（区、市），产品远销日本、韩国及东南亚地区。

园区将茶生产、茶科技研发、茶技术推广、茶品牌展示、茶文化、餐饮休闲等串联成线，实现一二三产业"花开齐艳"。累计申报专利17件，发明专利3件、外观设计专利9件、实用型专利5件。

园区探索推广"公司＋基地＋合作社＋农户"模式，吸纳当地农村劳动力服务园区建设，成为带农促富的重要基地。此外，通过订单农业扩展基地7 000余亩，辐射带动周边近千户农户走上共同富裕道路，致力从"一片叶子富一方百姓"到"一片叶子富八方百姓"。

全国绿色食品一二三产业融合发展园区是践行绿色生产、促进产业创新融合、助农增收共富的重要载体平台。浙江安吉宋茗白茶有限公司将持续规范园区管理、加强绿色标准化生产、巩固一产发展优势、聚力"接二连三"、发挥助力促富功能，做优做强绿色食品优质茶叶。

安吉宋茗白茶绿色食品一二三产业融合发展园区

三、标志管理

（一）完善标志商标注册

商标境内注册及版权保护情况　截至2023年底，中国绿色食品发展中心在境内注册的证明商标共涉及9个商品类别、10种形式、93件商标，基本涵盖了食用农产品和加工品。标志商标注册有效地保护和宣传了绿色食品品牌。绿色食品标志图形以及绿色食品中英文组合著作权在国家版权局登记保护成功，有效期为50年，为绿色食品标志在非注册类别上的保护提供了法律凭证。

商标境外注册情况　截至2023年底，绿色食品商标已在日本、韩国、法国、葡萄牙、俄罗斯、英国、芬兰、新加坡、澳大利亚和美国10个国家以及中国香港成功注册，为绿色食品产品打入国际市场提供了更好的法律保护和支持。

（二）实施费用减免政策

重点帮扶地区费用减免情况　为巩固拓展脱贫攻坚成果，扎实推进乡村全面振兴，加快建设农业强国，中国绿色食品发展中心继续对脱贫地区绿色食品实施相关指导优惠政策。截至2023年底，共计对160个国家乡村振兴重点帮扶县和原国家级贫困县的3 675家生产主体生产的7 680个产品进行了费用减免。

因灾困难生产主体企业费用减免情况　为减小自然灾害、生产性安全事故、重大疫情等情况对绿色食品生产主体造成冲击和影响，帮助企业尽快恢复生产，渡过难关，2023年，中国绿色食品发展中心继续对因灾困难生产主体实行费用减免政策，共涉及13个省（区、市）的338家生产主体。

（三）启动绿色食品全程在线信息化管理试点工作

根据中国绿色食品发展中心关于"绿色食品全程在线信息化管理"试点工作的要求，2023年4月，福建省绿色食品审核管理平台在全国部分试点省市运行，运用信息化手段，实现绿色食品审核评价和标志管理业务全程在线流转，缩短生产主体申报获证周期。

（四）开展全国绿色食品标识使用典范遴选工作

为推进绿色食品获证主体科学规范地使用绿色食品标志，全方位提升绿色食品的品牌形象，中国绿色食品发展中心首次启动2023年度全国绿色食品标识使用典范遴选工作。经省级工作机构审核推荐，中国绿色食品发展中心组织专家审评，确认108家绿色食品获证主体、164个绿色食品包装标识为2023年度全国绿色食品标识使用典范。

四、证后监管

（一）企业年检

2023年，中国绿色食品发展中心先后完成了对贵州、吉林、浙江、甘肃、湖南、福建、宁波（计划单列市）7个省级绿色食品工作机构的年检跟踪评价。通过工作调研，总结了一批地方年检工作中好的经验和做法并进行推广、分享，同时对省级绿色食品工作机构在年检工作中存在的突出问题进行了认真、严肃的研判和评价，与相关省级绿色食品工作机构共同研究年检工作短板弱项的改进方案和措施。

（二）产品抽检

2023年，全国共抽检获证产品11 711个，比2022年增加2 164个，增幅22.7%。抽检产品数占2022年获证产品总数的21.1%。检出不合格产品99个，产品抽检合格率99.15%。

（三）跟踪检查

2023年，全国参与市场监察工作的各级绿色食品工作机构共32个，其中包括省市级绿色食品工作机构18个、县区级绿色食品工作机构14个；共检查了43个城市或地区的82个各类市场。固定市场实际抽样47个，流动市场实际抽样35个。抽到的样品涉及364个企业，占有效用标绿色食品企业总数的1.21%；共抽取有效样品817个，占有效用标绿色食品产品总数的1.28%。其中，规范用标产品总数713个，占比87.27%，同比上升0.48%；不规范用标产品总数100个，占比12.24%，同比上升0.42%；假冒产品总数4个，占比0.49%。

（四）风险预警

2023 年，中国绿色食品发展中心确定"蔬菜类产品质量跟踪监测"为质量安全风险预警项目。对 27 个省级绿色食品工作机构辖区内的蔬菜类产品进行了预警监测，实际监测蔬菜企业 455 家，抽检蔬菜产品 455 个。蔬菜类产品预警监测结论和抽检结果相吻合。根据预警数据对相关省份蔬菜类产品企业在农药使用、管理上提出了风险预警。

（五）应急处置

为贯彻落实农业农村部质量监管司关于做好春节至两会期间绿色、有机农产品质量安全管理工作的有关要求，2023 年，中国绿色食品发展中心牵头组织开展了两会和重要节日期间绿色食品质量监管巡查工作。要求各级绿色食品工作机构加强舆情监测，对谣言或恶意炒作等负面舆情主动应对、加强科普，尽可能降低负面影响；对突发质量安全问题，要在农业农村部门农产品质量安全监管机构的统筹下，按照《中国绿色食品发展中心绿色食品质量安全突发事件应急预案》等要求，迅速报告、果断处置，依照相关程序和规定，依法依规进行跟进处理。

（六）产品公告

2023 年，通过《农民日报》《中国食品报》共发布 36 期产品公告，包括《农民日报》12 期、《中国食品报》24 期。通过中国绿色食品发展中心网、中国农产品质量安全网两个网站以及"中国绿色食品""绿色食品博览"两个公众号发布 178 期获证产品公告。累计公告获证企业 11 592 家，获证产品 22 500 个，其中包括初级产品生产企业 7 880 家、产品 14 400 个，加工企业 3 712 家、产品 8 100 个。公告撤销标志使用权的企业 36 家，产品 45 个，其中包括初级产品生产企业 29 家、产品 38 个，加工企业 7 家、产品 7 个。

重点工作 1

茶叶产品过度包装风险防范专项治理

按照农业农村部质量监管司《关于加强我部系统认定的绿色、有机和地理标志茶叶农产品过度包装风险防范的函》的相关要求，中国绿色食品发展中心全面组织开展绿色食品、有机农产品和地理标志农产品茶叶产品过度包装风险防范专项排查工作，共对2 792家获标生产主体的5 300个产品进行了排查。其中，涉及存在过度包装问题的生产主体107家，涉及过度包装的产品164个，分别占比3.83%和3.09%。省级绿色食品工作机构派专职人员对排查发现问题的企业和产品进行跟踪检查，督促落实，依规限时指导整改并及时总结在茶叶产品过度包装隐患排查中发现的风险问题和有效做法，为依法科学防范农产品过度包装提供建议。

重点工作2

豇豆专项治理

2023年，根据农业农村部豇豆农药残留突出问题攻坚治理工作部署和领导小组分工，中国绿色食品发展中心在做好绿色食品获证豇豆产品质量监管的同时，积极参加农业农村部工作专班和包省包片等工作。截至2023年8月，绿色食品豇豆产品抽检全部合格。分省包片的湖北省豇豆产品抽检合格率为98.4%，武汉市蔡甸区豇豆产品抽检合格率达到99%；新疆维吾尔自治区豇豆产品抽检为99.4%，喀什地区莎车县豇豆产品抽检合格率达到100%。

地方典型1

黑龙江省聚焦重点　强化工作　推动绿色食品产业高质量发展

黑龙江省是全国绿色食品发展较早的省份之一，省委、省政府一直高度重视绿色食品产业的全方位发展，始终坚持数量与质量发展并重的理念，在抓好绿色食品稳步健康发展的同时，毫不松懈抓实抓细绿色食品质量安全工作，确保人民群众"舌尖上的安全"，切实维护绿色食品品牌声誉。

1.强化制度创新，确保年检工作取得实效

创新设计"绿色食品企业证后跟踪评价表"，在年检现场检查中进行评价打分。评价表对种植（加工）环境、档案记录、投入品管理等关键内容进行细化分解，既为企业加强质量管理指明了方向，又为各级绿色食品工作机构开展证后监管工作提供了依据。制定《绿色食品企业年检工作注意事项》，指导各级绿色食品工作机构规范开展年检工作。通过年检工作，及时发现和清理绿色食品"僵尸"企业，确保企业按时缴纳标志使用费，防范质量管理风险。

2. 强化产品抽检，确保产品质量稳中有升

积极筹措编写《绿色食品常见不合格检测项目小知识》，制定《黑龙江省"两品一标"产品抽检指标不合格处理程序》，指导企业规避安全生产风险并依规处置检测不合格事件。

3. 强化质量提升，确保监管工作落实落地

制定《黑龙江省"两品一标"产品质量监管提升行动方案》，开展为期两年的产品质量提升行动。在元旦、春节、"315消费者权益日"和重大节日期间开展绿色食品企业专项检查。对存在问题的企业和基地，现场下达整改通知限期整改；对存在问题比较严重的企业和基地，实行约谈机制限期整改并验收；对检查中发现的冒用绿色食品标志行为，形成正式公函移送市场监管部门处理。

4. 强化区域整治，确保绿色食品质量安全

为维护"五常大米"这个享誉全国的大米品牌，重拳出击，对五常绿色食品大米企业进行专项治理。制定实施《维护五常大米品牌形象专项行动工作实施方案》；开展省、市、县联合检查，对五常绿色食品大米企业进行拉网式排查，进一步督促企业严格执行绿色食品标准；开展对五常大米产品的专项抽检。

牡丹江东宁市绿色食品黑木耳生产基地

5. 强化舆情处置，确保绿色食品品牌形象

制定《黑龙江省绿色食品发展中心网络舆情应急处置预案》，在全省各地建立舆情信息队伍，积极处置舆情相关工作。

地方典型 2

四川省突出四个"聚焦" 走好绿色食品证后监管之路

2023年，四川省在绿色食品证后监管方面持续发力，聚焦重点环节精准施策。一是聚焦年检工作，严格落实年检计划制度和通报制度，加强年检的指导和督导力度，制定企业年检工作重点，为监管员提供年检指南，提高年检工作的针对性和可操作性。二是聚焦产品质量跟踪抽检，通过专项抽检、跟踪抽检、风险预警等方式，加大对产品的检测覆盖率以及对水果、蔬菜、水产品等高风险产品的抽检力度，同步完善抽检要求，采取抽检计划备案制度，加强对抽检工作情况的掌握。三是聚焦重点风险产品，对柑橘、茶叶、豇豆等重点产品分区域重点检查，多次组织召开专题研讨会议，分析风险原因，提出解决方案。四是聚焦队伍培训工作，积极争取财政资金，通过线上线下相结合等方式，每年组织开展基层绿色食品检查员、监管员培训，2021—2023年四川省组织培训检查员、监管员和内部检查员共计2 198人次。

四川省绿色食品茶叶基地

五、技术支撑

2023年，中国绿色食品发展中心着力提标准、优机制、强保障，不断强化绿色食品产业技术支撑。全系统重点围绕体系建设、课题研究、标准规范研制、生产操作规程示范推广、发展绿色食品生产资料5个方面开展积极探索，取得了突出成效。

（一）全力支持绿色食品技术支撑体系建设

1. 构建一批高质量创新发展技术中心

围绕绿色食品（绿色优质农产品）高质量创新发展，充分依托现有科研院所大专院校检测技术机构，确认了一批推进绿色食品（绿色优质农产品）高质量创新发展的技术研发中心、质量标准检验检测技术中心和农产品品质规格营养功能评价技术中心。2023年，中国绿色食品发展中心支持中国农业科学院农产品加工研究所等59家单位创建了102个技术中心，其中包括绿色食品（绿色优质农产品）高质量创新发展技术中心15个、绿色食品（绿色优质农产品）质量标准检验检测技术中心36个、农产品品质规格营养功能评价鉴定技术中心51个。这些技术中心的创建为以绿色食品、有机农产品和地理标志农产品为主体的绿色优质农产品高质量创新发展提供了重要技术支撑。

2. 确认一批科技成果转化试验基地

本着尊重各单位自愿申请和省级工作机构推荐的原则，中国绿色食品发展中心确认内蒙古自治区农牧业科学院动物营养与饲料研究所、安徽省农业科学院园艺研究所和华中农业大学3家单位为绿色食品（绿色优质农产品）科技成果转化试验基地，开展绿色防控技术研究、绿色生产技术培训等工作，扩大绿色安全生产全程质量控制技术的推广应用，提高绿色食品（绿色优质农产品）的科技含量。

（二）积极推动绿色优质农产品相关项目研究工作

1. 开展绿色食品独特品质课题研究

围绕农业农村部开展的农产品品质提升行动工作要求，中国绿色食品发展中心组织中国农业科学院农产品加工研究所等5家单位，开展大豆、小麦粉（含原料小麦）、马铃薯、桃、草莓、大白菜和羊肉7类产品绿色食品独特品质课题研究，深入挖掘其绿色食品独特品质特征，力求探寻相应产品的特色品质、独特营养，以支撑品种研发、技术研究、指导生产、引导消费、物流加工等方面数据需求，为绿色食品标准研制提供参考。

经过5年的探索研究，已组织完成苹果、脐橙、番茄、猪肉、牛奶、茶叶、蜂蜜等25类产品绿色食品独特品质研究，部分研究成果已纳入相关产品标准，进一步完善了绿色食品标准体系，为提升绿色食品品质提供了技术支撑。

2. 推动开展绿色食品（绿色优质农产品）高质量创新发展技术研发专项

中国绿色食品发展中心立足绿色食品（绿色优质农产品）高质量创新发展，初步提出开展53个技术研究项目建议，并组织召开绿色食品（绿色优质农产品）高质量创新技术研究项目审评研讨会，邀请相关领域院士及行业专家对项目的科学性、可行性进行评审。与会专家一致认为，开展绿色食品（绿色优质农产品）高质量创新发展技术研发专项意义重大。各项目紧扣农业科技创新和农业高质量发展的主题，立足乡村振兴产业兴旺的实际需要和未来农业发展趋势，符合乡村振兴高质高效的客观现实需求，具有很强的科学性和可操作性。

（三）扎实做好绿色食品标准规范研制

1. 开展绿色食品标准制修订工作

2023年，中国绿色食品发展中心共组织修订17项标准，包括《绿色食品　肥料使用准则》等2项准则类标准和《绿色食品　含乳饮料》等15项产品标准，其中，《绿色食品　肥料使用准则》已于2023年12月公告，并将于2024年5月1日实施。截至2023年底，现行有效的绿色食品标准共计143项，其中包括准则类标准14项，产品标准129项。

依据最新标准，调整并发布了2023版《绿色食品产品适用标准目录》，结合实际需求，及时将蔓越莓、陈皮、煎饼等特色小品种纳入绿色食品标准目录，推动了当地特色农业产业发展及标准化生产水平。

2. 开展区域性绿色食品生产操作规程编制

2023年，中国绿色食品发展中心组织北京、河北、黑龙江、江苏、浙江、安徽、福建、河南、湖北、湖南、广西、四川、云南和甘肃的14家省级绿色食品工作机构以及中国农业科学院资源与农业区划研究所、中国农业科学院蜜蜂研究所、中国热带农业科学院热带作物品种资源研究所、山东省农业科学院农业质量标准与检测技术研究所4家科研单位编制了荞麦、燕麦、苦瓜、洋葱、双孢蘑菇、平菇、蓝莓、芒果、杨梅、荔枝、蜂蜜和鸭12种地方特色农产品的40项区域性绿色食品生产操作规程，有效解决了地方特色产品缺少绿色食品生产操作规程的问题。

截至2023年底，中国绿色食品发展中心已组织编制315项绿色食品生产操作规程，涉及大田作物、蔬菜、水果、茶叶、水产、肉蛋和粮油等80多个品种，覆盖至少95%的绿色食品产品，出版《绿色食品生产操作规程》系列丛书5本，为指导绿色食品基地、企业和生产者开展标准化生产提供了重要技术指导。

地方典型

福建省依托规程编制　高质量推进农业绿色发展

福建省按照中国绿色食品发展中心的统一部署，围绕绿色发展、全程质量控制要求，规范研制绿色食品生产操作规程，严格实施规程进企入户，高质量推进农业绿色发展。

1. 规范研制规程，确保科学有效

2018年至今，福建省共承担中国绿色食品发展中心下达的乌龙茶、胡萝卜、蓝莓等18项区域性绿色食品生产操作规程的编制任务。接到任务后，福建省绿色食品发展中心联合福建省农业科学院技术专家成立研制团队，明确规程内容和编制时间安排；深入企业调研，详细了解生产实际，组织省内外和规程应用企业的技术专家评审，修订完善生产操作规程，确保规程严谨、科学、适用，实现规程可复制、可落地、可实施。

2. 规程进企入户，切实对标运用

制定文件　按照中国绿色食品发展中心的要求，福建省全面启动绿色食品生产操作规程进企入户相关工作，专门成立示范行动工作领导小组，发布了福建省《关于开展绿色食品生产操作规程进企入户示范行动的通知》，制定了福建省《绿色食品生产操作规程进企入户的实施方案》。

宣传培训　结合绿色食品业务知识线上线下培训、绿色食品标准化生产基地年检和建设进行现场培训，落实规程进企入户。通过培训让绿色食品标准化生产基地、重要产业和重点企业（主体）的管理人员和技术人员，全面了解如何开展绿色食品生产操作规程进企入户，制定适合本企业（主体）的绿色食品生产操作规程，并将规程贯彻到每个农户，让企业不仅有一个绿色食品明白人，而且让企业全员掌握绿色食品生产操作规程，按照规程做好农事活动、投入品使用、质量安全管控等相关工作，使绿色食品生产更加规范。

印制手册 参照绿色食品生产操作规程，福建省县级工作机构、绿色食品基地主体及获证企业都纷纷制作农业生产适用、通俗易懂、操作性强的明白纸、宣传页、农事操作手册、投入品使用规范手册等，发放给基地、企业和农户，让生产管理者、技术人员、农户人手一张（一册），一看就懂，一学就会。同时，基地和企业还制作绿色食品标准、绿色食品生产操作规程的挂图，在田间地头、生产加工车间、投入品仓库、成品仓库、管理房、基地办等显著位置张贴。

现场指导 福建省将规程进企入户行动与基地建设、标志许可审查及证后监管工作相结合，将绿色食品规程严格落实到基地建设生产实际，作为基地创建的重要条件以及基地现场检查、验收、年检、续报的重要内容，将申请人生产技术规程的编制和落实实施作为现场检查、材料审核、年度检查的重点内容；各级绿色食品工作机构在开展绿色食品现场检查、年度检查、监督管理和基地建设时要加强绿色食品生产操作规程进企入户示范行动的宣传培训和指导，要严格按照中国绿色食品发展中心

福建绿色食品荔枝生产基地

区域性绿色食品生产操作规程要求来编制企业（基地）规程；在开展全国绿色食品原料标准生产基地的年检和续展时，明确基地所有农户在生产中严格执行绿色食品生产操作规程，实现入户全覆盖。

3. 规程示范引领，推进农业绿色发展

福建省各地按照当地优势产业发展情况，依托规程研制及进企入户，出台了相关扶持政策措施，加快规程应用实施，高质量推进绿色优质农产品标准化基地建设和农业绿色发展。2023年，福建省制定并发布《福建省优质农产品生产基地建设行动方案》，组织开展2023年省级优质农产品生产基地申报评审，推选确定了157个省级优质农产品生产基地、6个省级优质农产品生产重点县；推动了全省10个县（区）积极创建全国绿色食品标准化生产基地，新认证了400个绿色食品产品。

（四）绿色生产技术研究集成与推广应用

2023年，为贯彻落实农产品"三品一标"四大行动有关要求，集成推广一批绿色食品绿色防控技术，有效解决绿色食品生产中病虫害防控难点和农药残留超标堵点，中国绿色食品发展中心依托全国绿色食品科技成果转化试验站和中国农业科学院蔬菜花卉研究所、中国农业大学等12家单位，选取小麦、玉米、山药、葱、蒜、西兰花、甘蓝、茄子、茭白、苹果、梨、桃、猕猴桃、脐橙、宽皮柑橘、柠檬和人参17类产品开展绿色防控技术集成创新研究和推广应用，研制了17项绿色食品绿色防控技术规范。承担单位统筹考虑全国不同区域、不同栽培模式的病虫害发生规律，全面梳理了相关产品的病虫害发生情况，广泛吸收国内先进适用的绿色防控技术，充分融入绿色食品理念，按照绿色食品标准，研发了绿色环保、防控高效、先进适用的绿色食品绿色防控技术，切实加强了对绿色食品生产企业、基地和农户的服务水平。

目前，绿色防控技术指南系列丛书《绿色食品绿色防控技术指南（一）》已出版发行，受到绿色食品工作机构、生产基地、广大企业和农户的普遍欢迎。

《绿色食品绿色防控技术指南（一）》

地方典型

河北省积极落实绿色防控技术 推进绿色食品标准化生产

河北省围绕"保底线、拉高线"工作要求，聚焦"四抓四提"工作思路，推动绿色防控技术落地见效，不断提升绿色食品标准化生产水平。

1. 抓好技术集成，提升绿色防控引领作用

近年来，河北省承担中国绿色食品发展中心下达的多项绿色食品生产操作规程编制任务，将规程编制作为指导发展的基础，调动多方力量参与。成立规程编制领导小组，依托技术专家，联合科研院所、农业技术推广部门、市县绿色食品管理机构、广大生产主体等共同推进规程制定，圆满完成绿色食品甜荞、燕麦等5项生产操作规程编制任务，参与完成77项区域性绿色食品生产操作规程和2项绿色食品绿色防控技术指南的编制。结合规程编制，强化成果运用，集成各地先进的绿色防控技术，整理形成省内技术汇编，年均指导企业修订完善生产操作规程300项以上。针对关键风险点，编制全省统一的《投入品管理档案》《生产管理记录》《质量安全风险防控手册》，涵盖全省8个主栽蔬菜品类；制作绿色食品规范选用农药小视频。支持各市县制作简便易懂的技术明白纸、生产操作挂图等，通过在企业"上墙"、在基地"竖牌"、发到农户手上等方式，推广绿色防控技术，促进绿色食品标准落地。

2. 抓好培训指导，提升绿色食品标准化生产水平

创新培训模式，着力解决实际工作中的问题。一是在培训内容上，针对种植业绿色防控的技术难题和加工业提档升级的卡点问题，开展全省绿色食品（蔬菜类）绿色防控技术和加工产品现场检查能力提升培训，突出针对性和实用性。二是培训对象既有绿色食品管理部门的业务骨干，又有获证企业，特别是注重加强对农民专业合作社、家庭农场等小农户生产经营主体的培训。三是在培训形式上，将实地观摩、课堂培训和交流研讨相结合，选定示范企业作为申报样板，学习并推广其成功经验。四是在师资安排上，加强与中国绿色食品发展中心党建工作互联共建，将河北省的绿色食品标准宣贯培训纳入全国绿色食品（绿色优质农产品）生产技术培训体系。邀请中国绿色食品发展中心、中国农业科学院等单位

的专家授课指导，讲授新技术、新品种、新装备。五是在效果力度上，大力支持市县培训需求，安排经费，委派专家，开展各类绿色防控技术培训，加强骨干队伍建设，深入推进标准进企进村入户，2023年培训500余人次。

河北省全国绿色食品原料标准化生产基地

3.抓好基地建设，提升绿色优质农产品供给能力

一是推动全国绿色食品原料标准化生产基地建设。立足资源禀赋，强化区域布局，在基地建设管理上构建了以县级政府抓总，农业农村、财政、发展改革、环保等职能部门与相关乡镇协调联动齐抓共管的工作机制。加强监督管理，强化技术培训、跟进服务指导，积极引导各级产业化龙头企业参与建设，广泛吸纳周边农户参与生产。截至2023年底，河北省获批全国绿色食品原料标准化生产基地10个，生产规模达到136.75万亩，成功对接136家生产经营主体，有效带动当地40万户农户增收。基地建设情况和经验做法被河北省政府编录成《要情快报》呈送省委、省政府领导同志。二是大力推进环京周边蔬菜生产基地绿色食品认证，持续加强基地规范化管理和标准化生产。全省供京蔬菜绿色食品生产基地数量为61个，占供京蔬菜基地总数量的53%，获证绿色食品230个，年产量19万吨，年供京10万吨，占环京基地供京蔬菜总量的52%。

4.抓好监管核查，提升绿色食品发展质量

督导核查促落实，始终坚持树立确保发展质量的兜底意识。严格落实《关于进一步规范绿色食品标志许可审查工作程序的通知》（冀绿〔2019〕1号），年初结合各级风险监测、监督抽查等情况，对存在质量风险的获证企业和产品建立管理台账，制订省级现场核查计划，加强对豇豆、芹菜、韭菜等重点产品以及重点企业现场核查力度，完成各市调研全覆盖，重点产品全覆盖，重点企业核查比例不低于当年认证企业数量的10%。重点核实绿色食品标准落实、投入品使用、生产档案记录和质量追溯管理等情况，指导企业管控好风险。核查结束后及时反馈工作提示，要求对发现的问题逐项整改，举一反三，推动绿色防控技术落地生根，切实提高标准化管理水平，进一步提升绿色食品产品质量安全水平。

监督检查绿色食品生产基地

（五）发展绿色食品生产资料

2023年是绿色食品生产资料（以下简称绿色生资）工作探索创新发展的一年。中国绿色食品协会重点围绕"一手抓标志许可，一手抓推广应用"的发展要求，不断创新工作思路，优化审核流程，强化服务意识，有效推动绿色生资各项工作平稳有序开展。

1. 夯实发展基础，全面推动绿色生资高质高效发展

2023年，中国绿色食品协会通过召开部分工作机构人员座谈会、调研走访绿色生资获证企业等方式，全面梳理总结绿色生资工作成效、存在问题、对策措施，形成书面工作报告；通过优化调整申报材料、探索搭建线上审核平台等措施，强化绿色生资制度化管理，进一步提升工作效率。截至2023年底，有效使用绿色生资标志企业226家、产品914个，分别比2022年增长了6.1%和9.6%。其中，肥料企业116家、产品267个，农药企业54家、产品283个，饲料及饲料添加剂企业49家、产品341个，兽药企业2家、产品7个，食品添加剂企业11家、产品16个（注：6家企业同时申报肥料、农药产品）。

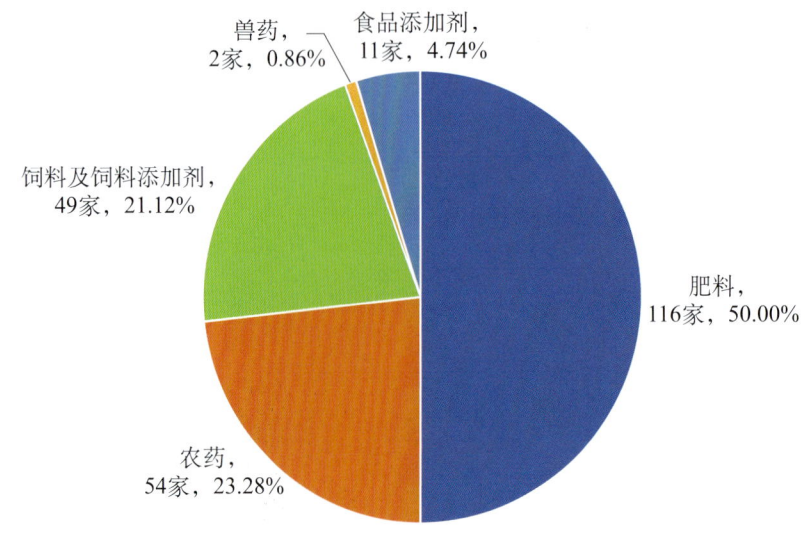

绿色生资获证企业数量及结构

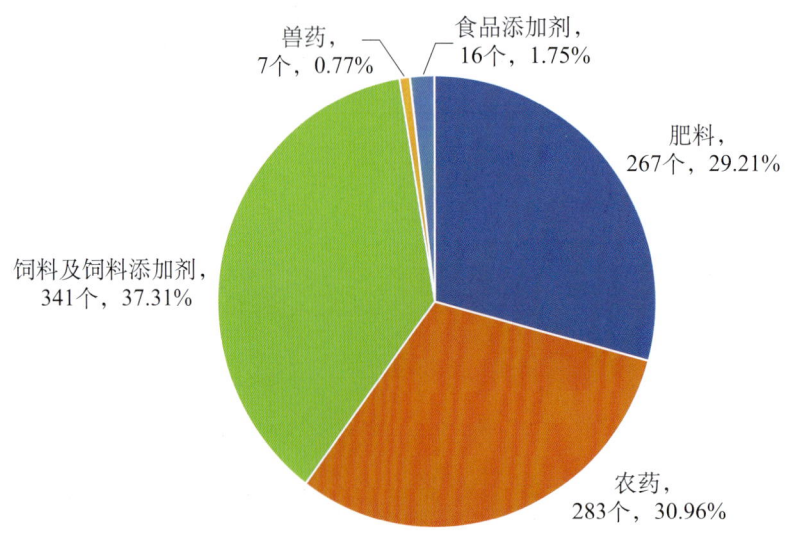

绿色生资获证产品数量及结构

2. 强化标准引领，研究制定绿色农产品农药团体标准

按照《中国绿色食品协会团体标准管理办法》，中国绿色食品协会筹备组建了标准起草组，历经资料收集、起草编写、标准研讨、专家评审、公开征求意见、批准编号发布等程序，最终形成《绿色农产品生产资料评价规范 农药》团体标准。该标准参考《生态设计产品评价规范 第3部分：杀虫剂》《绿色设计产品评价技术规范 农药制剂》、农药再评价体系、质量管理体系和环境管理体系等，规定了农药的评价要求、评价指标、评价方法及生命周期评价等，体现了绿色农产品生产资料农药关于环境安全、生态安全和产品安全的绿色发展理念，为《绿色食品 农药使用准则》（NY/T 393）的修订提供了借鉴和参考，同时，为绿色农产品（绿色食品）生产企业合理选择和使用农药提供了依据。

3. 瞄准行业需求，探索举办绿色生资饲料企业培训班

为进一步夯实饲料企业绿色发展基础，推动绿色食品畜禽、水产品高质量发展，2023年6月28—30日，中国绿色食品协会在江苏扬州举办首次绿色生资饲料企业内部检查员培训班，来自全国省级绿色食品工作机构、饲料企业、畜禽水产企业的约150人参加了培训。培训班邀请全国畜牧总站、中国农业科学院饲料研究所、中国绿色食品发展中心等单位的专家对饲料及饲料添加剂生产许可和规范文件、动物营养健康与品质提升、畜禽水产类绿色食品准则、审核要点等内容进行宣贯和解读；邀请东方希望、溧阳正昌、

绿色食品生产资料企业内部检查员培训班

富锦福慧等知名绿色生资饲料企业和绿色食品企业负责同志对品牌培育、推广应用做分享交流。同时，设置企业对接洽谈环节，宣传绿色发展理念，促进畜禽水产企业发展绿色生产。

4. 强化服务意识，助力绿色生资企业拓宽销售渠道

印制发放绿色生资获证企业名录　中国绿色食品协会统计整理了绿色生资有效用标企业及产品信息，设计排版后印制1 000份，向6个农业农村部相关司局、38个省级绿色食品工作机构、16个省级协会、129个国家农业绿色发展先行区等单位定向推送宣传，供国家农产品质量安全县、国家农业绿色发展先行区、绿色食品企业、绿色食品原料标准化生产基地等倡导绿色发展理念的有关单位选择使用，有效宣传推介绿色生资获证企业及产品。

征集宣传绿色生资企业获证信息　在中国绿色食品协会网站开设"获证企业展示"专栏，面向绿色生资企业征集获证信息（主要包括企业简介、获证产品介绍、市场对接人等信息），共征集到95家获证企业及产品材料（肥料生产企业50家，农药生产企业20家，饲料及饲料添加剂生产企业23家，兽药及食品添加剂生产企业各1家），对企业材料进行内容梳理、设计排版、格式转换等处理后，全部上传至中国绿色食品协会网站供采购商浏览查阅，有效宣传推介了绿色生资发展理念，受到省级工作机构和绿色生资企业的普遍欢迎。

积极组织参加绿色食品博览会　绿色食品博览会上，中国绿色食品协会搭建绿色生资特装展区272平方米，26家绿色生资企业组团参展，集中亮相；创新宣传方式，设置扫码参与"有奖竞答"环节，在宣传绿色食品、绿色生资知识的同时，为绿色生资展区和周边省份展团聚集人气；动员参展企业主动出击，到各省展团交流洽谈，分发宣传资料和试用产品，助力促成更多"绿色"产销订单。

充分发挥展销平台技术优势　积极与绿色生资专委会联系，定期将绿色生资获证企业获证信息、绿色生资推荐名录及获证公告等绿色生资相关信息在"中国绿色生资展销平台"进行展示宣传，取得良好效果，部分绿色生资企业已进驻"中国绿色生资展销平台"，为绿色生资企业提供了线上销售渠道。同时已将"中国绿色生资展销平台"与中国绿色食品协会网站进行了关联，不断扩大绿色生资企业影响力。

（六）加强信息化建设

2023年，中国绿色食品发展中心全力以赴配合推动国家绿色有机地标农产品管理服务平台建设，持续做好现有信息系统运维、信息推送共享、门户网站管理，有效支撑服务保障绿色食品、有机农产品及地理标志农产品高质量创新发展。

1. 加快推动国家绿色有机地标农产品管理服务平台建设

按照农业农村部信息化工作部署，跟进绿色食品、有机农产品业务信息系统适配改造，研究制定工作方案，明确分阶段建设任务、时间计划和成果目标，同步做好各项建设任务的推进和落实，助推新平台建设进程。2023年底，国家绿色有机地标农产品管理服务平台绿色食品模块地方端功能初步开发完成，并在黑龙江、江苏和湖南3个省份顺利完成了试运行工作。

2. 确保现有绿色食品信息系统平稳运行

有效衔接金农工程绿色食品信息系统运维工作，保障绿色食品申报审核业务有序开展。2023年，组织金农系统运维团队及时响应处理各类系统问题事件1 732件，包括使用指导、数据处理、数据检查、账号管理等。同时，继续组织开展绿色食品企业内部检查员系统运维服务，支撑内部检查员培训管理业务正常运转。

3. 持续开展业务信息推送共享服务

通过农业农村部12316"三农"信息服务平台，采用手机短信通知方式，继续向广大绿色食品申报单位及时推送业务办理进展信息。2023年，共向绿色食品申报单位发送了74 897条短信，平均每个工作日发送284条。对中国绿色食品发展中心网站农产品地理标志获证产品、绿色食品原料基地信息查询功能进行升级，方便公众查询获取信息。通过业务信息系统，实时向全国一体化政务服务平台、农业农村部政务信息资源共享平台推送绿色食品、有机农产品相关数据。同时，定期向国家农产品质量安全追溯管理信息平台、全国认证认可信息公共服务平台推送绿色食品获证信息共享数据。

4. 完成中国绿色食品发展中心网站改版升级

精心组织并顺利完成中国绿色食品发展中心门户网站（国家绿色优质农产品公共信息平台）改版升级，通过优化页面布局、创新美术设计、调整频道结构、充实栏目内容，全面拓展了网站信息展示服务功能，增强了网页呈现体验效果，提升了中国绿色食品

（绿色优质农产品）事业全新形象。

2023年，中国绿色食品发展中心网站页面总浏览量3 459万次，总点击数6 162万次，总访问者数量357万人，访问者数量比2022年增加68.4%。按照页面浏览量统计，中国绿色食品发展中心网站在农业农村部直属单位网站群中排名第五，继续保持前列。

中国绿色食品发展中心网站地址：

http://www.greenfood.org

http://www.greenfood.org.cn

http://www.greenfood.agri.cn

六、体系队伍

绿色食品体系队伍主要由四部分组成：一是绿色食品工作机构；二是绿色食品定点检测机构；三是绿色食品检查员、监管员和企业内部检查员队伍；四是绿色食品专家团队。

（一）工作机构

截至2023年，全国已建立省级绿色食品工作机构36个，地（市）级绿色食品工作机构371个，县（市）级绿色食品工作机构2 540个；全国县（市）及以上工作机构共有专职人员2 904人，兼职人员4 747人。

2023年全国绿色食品工作体系与队伍

类别	项目	数量
省级机构	机构总数（个）	36
	人员总数（人）	599
	专职人员数量（人）	406
	兼职人员数量（人）	193
地（市）级机构	机构总数（个）	371
	人员总数（人）	1 370
	专职机构数量（个）	141
	专职机构人员数量（人）	709
	专职人员（人）	491
	兼职人员（人）	218

(续表)

类别	项目	数量
地（市）级机构	挂靠机构数量（个）	230
	挂靠机构人员数量（人）	661
	专职人员（人）	178
	兼职人员（人）	483
县（市）级机构	机构总数（个）	2 540
	人员总数（人）	5 646
	专职机构数量（个）	625
	专职机构人员数量（人）	1 538
	专职人员（人）	956
	兼职人员（人）	582
	挂靠机构数量（个）	1 915
	挂靠机构人员数量（人）	4 108
	专职人员（人）	837
	兼职人员（人）	3 271

（二）定点检测机构

绿色食品定点检测机构是绿色食品体系队伍的重要组成部分，为绿色食品产地环境检测和产品检测提供重要的工作保障，同时也为相关标准制定、课题研究以及风险预警等工作提供技术支撑。为保障绿色食品事业高质量创新发展，中国绿色食品发展中心采取多种措施，不断加强对定点检测机构的监督和管理。2023年重点开展了以下几项工作。

择优遴选一批绿色食品定点检测机构　2023年，中国绿色食品发展中心组织专家完成了11家检测机构的现场考核并批准为绿色食品定点检测机构。截至2023年底，绿色食品定点检测机构共计108家，为绿色食品申报检测、证后监管、标准研制等工作保驾护航。

持续开展能力验证和飞行检查　能力验证重点对农产品中农药与兽药残留、违禁添加物、重金属以及土壤中重金属的分析检测能力进行考核；组织专家完成4家检测机构的飞行检查，进一步提升了检测机构的检测能力、强化了检测机构的内部管理。

举办检测机构培训班　2023年10月23—24日，中国绿色食品发展中心成功在绍兴举办了2023年绿色食品定点检测机构培训班，进一步提升检测人员的业务能力、工作水平和服务质量。张志华总工程师出席了培训班并就当前形势下更好发挥定点检测机构作用提出了四项要求：一是始终牢记"1个使命"，严格质量把关；二是严守客观公正和清正廉洁"2条底线"；三是提升质量保障、专业技术和科研攻关"3种能力"；四是强化"4项服务"，要做好检测服务、标准服务、技术服务和培训服务。来自全国绿色食品定点检测机构的主要负责人、技术负责人、质量负责人以及中国绿色食品发展中心相关处室的业务骨干共117人参加了培训班。

2023年绿色食品定点检测机构培训班

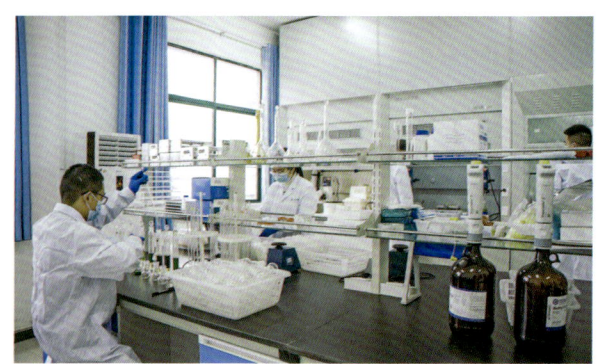

业务人员进行产品抽样检测
（安徽省绿色食品办公室供图）

（三）"三员"队伍

绿色食品检查员、监督管理员和企业内部检查员（统称"三员"）是推动事业发展的重要人才资源。截至2023年底，全系统共有有效检查员4 548人、监督管理员4 062人，企业内部检查员36 757人。

"三员"队伍能力提升是事业发展最重要的基础工作，2023年，中国绿色食品发展中心在绿色食品业务人员技能提升方面持续做好以下几项工作。

举办绿色食品检查员、监督管理员业务培训班 2023年，在中国绿色食品发展中心的统筹协调下，全系统共举办绿色食品检查员、监督管理员线下培训班37期，累计培训学员近5 000人次。

严格把关企业内部检查员培训注册管理 依托内部检查员培训注册管理系统，加强内部检查员注册培训管理，及时跟进更新制度规范和标准文件，对接系统运行维护和线上答疑。截至2023年底，绿色食品内部检查员培训管理系统中企业内部检查员注册总数为 116 830 人，总培训人数 70 922 人。

举办绿色食品审核评价业务能力提升培训班　为贯彻落实《中国绿色食品发展中心关于加快推进以绿色有机地标为主体的绿色优质农产品高质量创新发展的通知》精神，全面推进 2023 年绿色食品审查评价工作，中国绿色食品发展中心在湖南长沙举办绿色食品审核评价业务培训班，全国 36 个省级绿色食品工作机构分管领导、审核科长共 73 人参加。此次培训班分析了绿色食品审核评价工作面临的新形势、新任务，并针对当前审查工作存在的四个突出问题，提出全面加快发展、提升质量、提高效率、防范风险、落实责任"五个全面"明确要求，为做好 2023 年绿色食品审查评价工作奠定基础。

绿色食品审核评价业务培训班

举办绿色食品监督管理员能力提升培训班　2023 年 10 月，中国绿色食品发展中心在福州市举办绿色食品监督管理员能力提升培训班。全国省级绿色食品工作机构监督管理员和绿色食品定点检测机构部分代表共 110 人参加了此次培训，参加人员交流了工作，分享了监管工作经验，有效提升了绿色食品监督管理员的监管能力水平。

开展绿色食品检查员、监管员绩效考评　为进一步强化绿色食品检查员、监督管理员体系队伍建设，发挥先进模范带头作用，按照《绿色食品检查员工作绩效考评实施办法》《绿色食品标志监督管理员工作绩效考评实施办法》，经省级绿色食品工作机构推荐、中国绿色食品发展中心复核和综合评定，评选出 2023 年度优秀检查员 438 名，优秀监督管理员 411 名。中国绿色食品发展中心对优秀检查员、监督管理员予以通报表扬，号召全系统工作人员向他们学习，增进业务交流，进一步提升工作能力和水平。

（四）专家团队

绿色食品专家团队是绿色食品事业发展技术支撑的重要组成部分。多年以来，中国绿色食品发展中心组建了一支高效精干的专家队伍，根据事业发展和业务需要，不断完善专家结构、补充专家资源。目前，参与绿色食品、有机农产品和地理标志农产品工作的专家累计400余人。这些专家主要来自科研单位、检测机构、大专院校以及相关行政管理部门等，主要参与绿色食品理论研究、标准制修订、标志许可审核以及日常业务咨询等工作，为促进绿色食品（绿色优质农产品）事业高质量创新发展作出了重大贡献。

七、品牌宣传

2023年中国绿色食品发展中心开拓创新，依托农业农村部下属媒体和全国各级绿色食品工作机构的力量，广泛发挥不同媒体的传播优势，多层次、多形式、多角度地宣传绿色食品（绿色优质农产品），组织开展了一系列活动。

（一）第二十二届中国绿色食品博览会

经农业农村部批准，由中国绿色食品发展中心、中国绿色食品协会、安徽省农业农村厅、合肥市人民政府共同主办的第二十二届中国绿色食品博览会（简称绿博会）于2023年3月31日至4月2日在合肥滨湖国际会展中心成功举办。该届绿博会秉承"展示成果、促进产销、振兴乡村"的宗旨，通过展览展示、宣传推介、产销对接、品尝体验等形式，进一步宣传了绿色食品事业，展示了以绿色食品为代表的绿色优质农产品最新发展成果，全方位提升了绿色优质农产品的品牌美誉度，为绿色优质农产品生产、物流、加工、消费搭建了公共交流平台，推动了产业发展、物流加工、信息交流和消费转型升级。

1. 展示事业发展新成果

该届绿博会在新冠疫情平稳后举办，各地参展踊跃，多数展团展区装饰独特、布局新颖、展示靓丽，参展产品琳琅满目，特色纷呈，包装精美，绿色食品品牌文化元素体现充分。该届绿博会展览面积约2万平方米，共设置900余个国际标准展位，有35个展团的2 000多家企业参展，带来了7 000余个绿色食品、地理标志农产品、绿色食品生产

第二十二届中国绿色食品博览会

资料、地方特色优质农产品及加工食品。该届绿博会规模大、产品多，人气旺、效果好，彰显了绿博会的专业水平，受到参展商的认可、采购商的青睐、广大市民的赞许。

2. 产销对接踊跃、成果丰硕

该届绿博会较往年加大了采购商邀请力度，多渠道、多形式地邀请到1 623家采购商前来开展市场考察与对接洽谈。其中，百果园、佳农集团、央广购物、盒马（中国）有限公司、京东商城、叮咚买菜、本来生活网、安徽百大合家福连锁超市、安徽大润发玛特超市等一批大型商超与知名电商受邀到会，并派出专业采购组进馆考察绿色优质农产品资源，与绿色食品企业进行产销对接和业务洽谈。除此之外，各省（区、市）展团积极动员、邀请当地采购商、合作伙伴到会。绿博会现场商贸气息浓厚，取得了丰硕的贸易成果。据统计，该届绿博会实现订单交易和达成意向合作金额超过40亿元。

绿博会期间，各省（区、市）展团举办的各类专题推介活动各具特色，精彩纷呈。由黑龙江省农业农村厅主办、黑龙江省绿色食品发展中心承办的黑龙江省"黑土优品"绿色食品品牌推介会突出寒地黑土、绿色有机资源优势，全面展示了黑龙江省绿色优质农产品产业的发展优势和投资潜力，为供需双方搭建合作交流平台，助力"黑土优品"走向全国、走向世界，推介会上70多家采购商与黑龙江省区域内企业签订意向合作协议。

《农民日报》2023年4月6日第二版刊登文章《第二十二届绿博会助力优质农产品购销两旺》

河北、大连、上海、广西、重庆、陕西和甘肃等展团在展会期间举办专题推介会，在推介本区域绿色优质农产品的同时，融合了民族风情、地域农耕文化等诸多元素，有效推动了产品推介、产地宣传、贸易对接，扩大了市场影响力。

（二）支持脱贫地区品牌建设

中国绿色食品发展中心配合农业农村部市场与信息化司制定《支持脱贫地区打造区域公用品牌实施方案（2023—2025年）》，并于2023年4月以农业农村部办公厅文件正式印发；同时，配合农业农村部市场与信息化司印发《脱贫地区品牌帮扶重点县任务清单（2023）》。按照农业农村部市场与信息化司部署，积极跟进832个脱贫县农产品区域公用品牌建设，对中国绿色食品发展中心负责承担的重庆巫溪、陕西柞水和宁夏海原3个重点县开展实地调研、技术培训，共商发展，推进品牌创新培树和产销对接等工作。

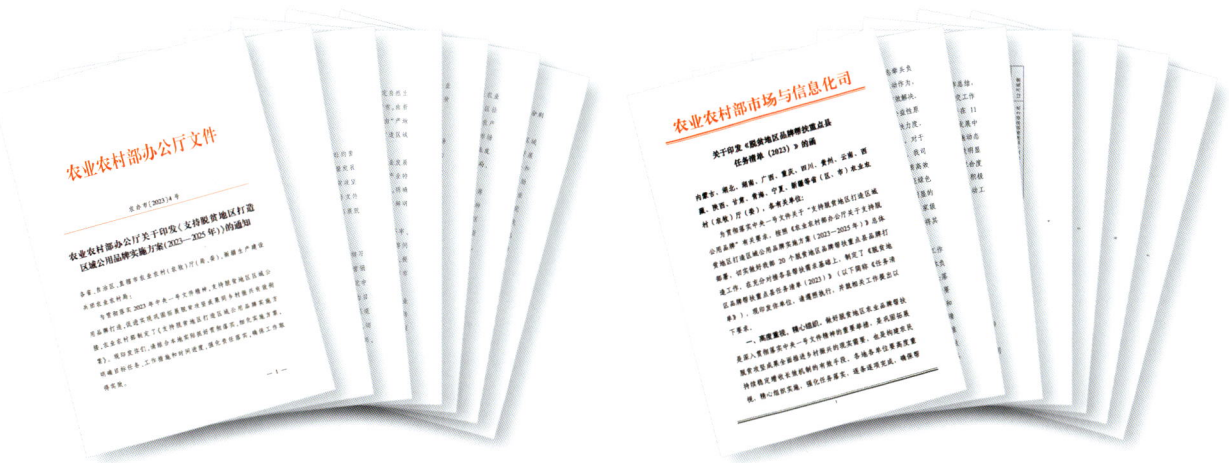

支持脱贫地区品牌建设的相关文件

《农民日报》2023年11月6日刊登文章《品牌帮扶为巫溪老鹰茶发展助力》

中国绿色食品发展中心积极借助绿博会产销对接平台，聚焦脱贫地区，以多种形式支持巩固拓展脱贫攻坚成果，助力全面推进乡村振兴。第二十二届绿博会组委会为来自内蒙古、湖北、湖南、贵州、青海和新疆等省份的多个脱贫地区参展企业免费提供展位15个，支持脱贫地区绿色优质农产品企业走出大山、融入市场、寻求商机。各展团积极组织本区域内的脱贫地区企业参加绿博会，2 000余家参展企业中共有600余家来自脱贫地区，占参展企业总数的30%。同时，绿博会期间，组委会加大对脱贫地区绿色优质农产品产销对接服务的力度，支持并指导各省（区、市）举办以展团为单元的脱贫地区参展产品专场系列推介会，为来自24个脱贫县的绿色优质农产品企业搭建宣展和推介平台，为脱贫地区农民增收致富拓宽渠道。中国绿色食品协会主办的"2023东西部协作绿色食品产销对接会"，通过讲好脱贫故事、推介绿色优质农产品品牌、推动产销对接的方式，以西部地区的绿色优质农产品企业及绿色生产资料企业为重点，进行宣展推介，促进东西部协作，助力脱贫地区和西部地区乡村全面振兴，对接会200多家企业代表现场参会，达成采购意向签约金额超过5亿元。

农业农村部官网发布新闻《我国农业品牌建设取得积极进展》

（三）支持指导各地开展绿色优质农产品宣展推介

2023年中国绿色食品发展中心指导支持各省（区、市）组织开展绿色食品、有机农产品及地理标志农产品为主题的产销对接和常态化科普宣传展示，指导黑龙江省"黑土优品"以及浙江、安徽、福建、河南、广西、陕西和青海等省（区、市）绿色优质农产品系列推介、江苏省首次绿色优质农产品进万家、首届长三角绿色优质农产品推广周等活动，积极支持各市县因地制宜开展地域特色绿色食品、有机农产品及地理标志农产品专场推介和产销衔接活动，拓宽营销传播渠道。多渠道、多角度推动了全国各地绿色优质农产品的产业发展、物流加工、信息交流和消费转型升级。

地方典型 1

河南

2023年4月26—28日，河南省在郑州市文博广场组织了绿色食品主题宣传暨产销对接活动。来自全省150余家企业的500多种绿色优质农产品进行展示推介和线上线下销售，产品涵盖米面油、肉蛋奶、果蔬茶、食用菌、调味品、饮料、酒类等食用农产品及加工产品，河南省各级农产品质量安全工作机构的专家和企业代表向市民讲解绿色食品知识，现场发放宣传手册1万余份。活动现场，消费者参与热情高涨，消费氛围火爆，多数参展企业在活动首日产品即销售一空。

河南省绿色食品主题宣传暨产销对接活动在郑州市文博广场举行

地方典型 2

长三角地区

浙江、上海、江苏、安徽三省一市绿色食品工作机构首次在上海联合举办了首届长江三角洲地区绿色优质农产品推广周活动。活动以"绿色美味 共享共富"为主题,设置长江三角洲地区一体化展区与沪苏浙皖三省一市特装展区,有270家企业主体参展,展品达1 200余种。据不完全统计,活动期间观展人数近2万人次,到场采购商105家,现场销售金额逾539.06万元,上海佳素实业有限公司与杭州祖名豆制品股份有限公司、上海西郊水果批发市场与安徽省砀山县鑫银水果专业合作社等签署供销合同金额达1 806万元,此外,洪泽湖螃蟹等产品达成意向合同金额约3 087万元。活动期间,浙江的处州白莲、鄞州雪菜、黄蜜西瓜,上海的奉贤南瓜、仓桥水晶梨,江苏的兴化沙沟鱼圆、南京桂花盐水鸭、宝应荷仙香糯莲藕,安徽的格瑞菊花、白湖大米等人气产品在活动首日即脱销,受到市民的追捧。该活动是长江三角洲地区三省一市首次携手展示展销绿色优质农产品,搭建了一个打响绿色优质农产品品牌的大平台。

2023浙江名优土特产展示展销暨首届长三角绿色优质农产品推广周

(四)多措并举,持续宣传

与农业农村部下属媒体和单位开展合作 2023年,中国绿色食品发展中心继续与农民日报社、中国农村杂志社、农产品质量与安全杂志、中国优质农产品开发服务协会和农业农村部农产品质量安全中心等农业农村部下属媒体与单位开展合作,同时增加与《中国农业综合开发》杂志的合作,开辟专刊专栏进行宣传,系统、有效地做好绿色食品

（绿色优质农产品）品牌宣传工作。截至2023年底，共发布绿色食品（绿色优质农产品）宣传报道约600篇。其中，《农民日报》于头版头条刊发的《打造长三角"中央厨房"——安徽抢抓机遇建设绿色农产品基地》《逐"绿"前行——上海以绿色发展引领都市现代农业高质量发展纪实》等文章受到社会各界广泛关注。

《农民日报》刊发文章《打造长三角"中央厨房"——安徽抢抓机遇建设绿色农产品基地》

新媒体宣传 "中国绿色食品"和"绿色食品博览"两个公众号面向社会公众进行系统的绿色食品（绿色优质农产品）宣展，向广大消费者彰显"自然、生态、纯甄、优质"的精品形象。全年累计发送图文信息200余条，其中，"'三农'话题""业务指南""当季优品""家乡记忆""品牌故事"等栏目的推文信息受到读者关注。2023年，平台共策划举办了两期活动："绿色优质在身边"趣味闯关，通过回答绿色食品小知识，加深读者对绿色食品的认知，宣传绿色食品理念；2023年11月，开启了"绿色优质农产品高质量创新发展落地生花"趣味闯关活动，以趣味游戏、榜单积分的形式吸引大众参与，培育品牌认同，展现绿色优质农产品的品牌魅力，促进消费共识形成。平台累计关注参与超过13万人次。

《农民日报》刊发文章《逐"绿"前行——上海以绿色发展引领都市现代农业高质量发展纪实》

"绿色优质农产品高质量创新发展落地生花"趣味闯关活动参与界面

（五）开展农产品品牌索引名录征集新试点

2023年10月下旬，中国绿色食品发展中心面向绿色食品（绿色优质农产品）工作系统印发了《关于探索开展中国农产品品牌索引名录征集工作的函》。索引名录征集工作采取"县区域名＋产品名"的形式，以县域最具代表性的农产品品牌持有人为申报主体，广泛征集全国范围内县域最具代表性的农产品品牌及其核心企业知名品牌，以常态化构建中国农产品品牌年度档案与公共查询索引名录。2023年，共有226个县域知名农产品品牌及其核心生产经营主体经县级农业农村部门审核，地市级、省级农业农村部门绿色食品（绿色优质农产品）工作机构审查，组织专家经技术审评确认，并在中国绿色食品发展中心网站公示，符合中国农产品品牌索引名录征集条件，纳入《中国农产品品牌索引名录》。

《中国农产品品牌索引名录》发布公告

八、境外交流与合作

（一）海峡两岸交流与合作

2023年，在农业农村部对台湾农业事务办公室、农产品质量安全监管司的指导和支持下，中国绿色食品发展中心按照《海峡两岸绿色食品、有机食品交流合作备忘录》确立的工作机制，围绕绿色食品技术标准、检验检测、检查审核、标志管理、专业培训等方面，继续与台湾生态农业暨绿色食品基金会开展交流与合作。截至2023年底，我国台湾共有3家企业的5个产品获得绿色食品标志使用权，分别是台湾爱之味股份有限公司生产的焙煎玄米茶、优质燕麦饮料，青田农产有限公司生产的胚芽米、白米，保证责任台南市南化果蔬运销合作社生产的爱文芒果。此外，两岸密切沟通、联合联动，对我国台湾的42名绿色食品企业内部检查员开展了业务培训，并完成了资质注册及证书发放工作，为今后稳步扩大我国台湾地区绿色食品发展规模创造了良好条件。

（二）国际交流与合作

2023年，中国绿色食品发展中心对澳大利亚谷物公司续展申报绿色食品的大麦和燕麦两个产品进行了线上现场检查，对通过审核的上述两个续展产品颁发了绿色食品证书。

2023年，中国绿色食品发展中心开展了缅甸湘集进出口有限公司绿色食品续展产品酸角的对接工作，有力保障了国内相关生产加工企业的原料供给。

第三篇

中绿华夏有机农产品

安徽有余跨越瓜蒌籽有机基地

绿色食品发展报告

2023

第三篇　中绿华夏有机农产品

一、产品发展

（一）获证企业与产品

2023年，中绿华夏有机产品认证中心认证规模持续稳定增加，有机认证企业1 359家，认证有机产品4 822个，共颁发有机产品证书1 863张。

2023年全国有机产品发展总体情况[①]

指标	数量	指标	数量
获证单位总数（家）	1 359	认证面积[②]（万亩）	30 584.75
获证产品总数（个）	4 822	种植业（万亩）	200.95
颁发证书数（张）	1 863	畜牧业[③]（万亩）	29 732.17
新申报企业（家）	326	渔业[④]（万亩）	353.56
新申报产品（个）	607	野生采集（万亩）	297.79
新申报证书（张）	349		

注：①认证机构为中绿华夏有机产品认证中心，余同。
②种植业、畜牧业、渔业、野生采集面积分别含其加工产品面积。
③包括饲料、饲草种植认证面积（含境外认证面积）。
④包括淡水、海水养殖认证面积。

2013—2023年有机认证的企业数量和产品数量

（二）获证产品结构

2023年，在中绿华夏有机产品认证中心认证的产品中，种植业产品2 282个，占47.32%；畜牧业产品297个，占6.16%；水产类产品443个，占9.19%；野生采集产品

311个，占6.45%；加工业产品1 489个，占30.88%。

2023年各类别有机产品发展情况

类别	产品	产品数量（个）	产量（万吨）	认证面积（万亩）
种植业	种植业合计	2 282	144.17	200.71
	粮食作物	552	92.09	87.04
	薯类	30	1.07	0.68
	油料作物	78	3.77	10.41
	纺织品	1	0.001 5	0.05
	豆类	130	2.23	13.24
	棉花	1	0.002	0.01
	糖料	5	14.21	2.97
	蔬菜	115	1.86	3.99
	水果和坚果	225	11.07	27.04
	茶叶	1 035	2.46	18.15
	中草药	84	1.49	21.35
	饲料原料	26	13.92	15.78
畜牧业	畜牧业合计	297	220.68	29 732.13
	牲畜	229	24.53	29 309.58
	牛乳	53	195.37	421.46
	羊乳	1	0.76	0.59
	家禽	14	0.02	0.50
水产类	水产品	443	34.31	353.55
野生采集	野生采集品	311	9.49	297.79
加工业	加工业合计	1 489	110.88	0.57
	粮食加工	533	5.89	0.001 4
	水果坚果加工	229	4.43	0.03
	畜产品加工	269	0.21	0.006
	渔业产品加工	7	0.02	0.01
	食用油	150	3.8	0.04
	制糖	9	1.07	0.05
	酒类	51	7.90	0.22
	饮料	7	0.21	0.06
	饼干及其他焙烤产品制造	5	0.000 1	0.000 4
	乳品加工	160	87.01	0.03
	米、面制品制造	49	0.30	0.001 6
	调味料制造	20	0.04	0.12
总计		4 822	519.53	30 584.75

2023 年有机产品结构

产品类别	产品数量（个）	比例
种植业	3 335	69.16%
畜牧业	726	15.06%
渔业	450	9.33%
野生采集	311	6.45%
合计	4 822	100.00%

注：种植业、畜牧业、渔业产品均包含其加工产品。

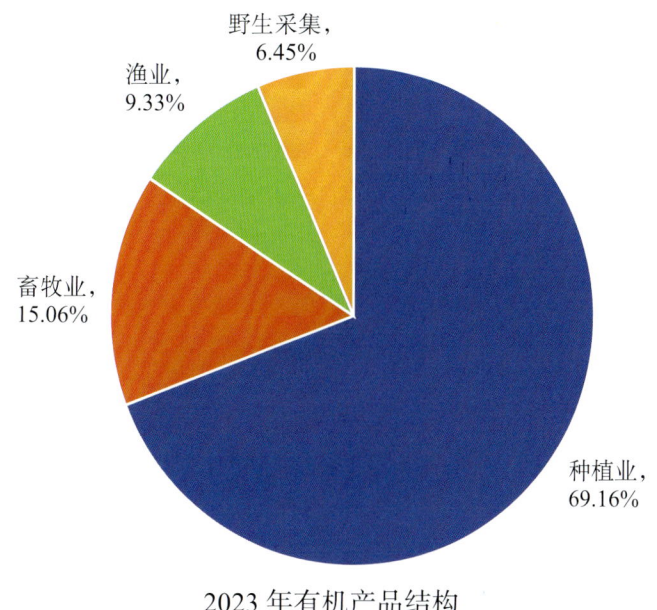

2023 年有机产品结构

注：种植业、畜牧业、渔业产品均包含其加工产品。

（三）区域发展情况

东部地区　2023 年，北京、天津、河北、上海、江苏、浙江、福建、山东、广东和海南 10 个省份有机产品获证企业 354 家，产品 1 287 个，分别占获证总数的 26.05% 和 26.69%。

中部地区　2023 年，山西、安徽、江西、河南、湖北和湖南 6 个省份有机产品获证企业 327 家，产品 998 个，分别占获证总数的 24.06% 和 20.7%。

西部地区　2023 年，内蒙古、广西、重庆、四川、贵州、云南、西藏、陕西、甘肃、青海、宁夏和新疆 12 个省份有机产品获证企业 487 家，产品 1 476 个，分别占获证总数的 35.84% 和 30.61%。

东北地区　2023 年，黑龙江、吉林和辽宁 3 个省份有机产品获证企业 128 家，产品

870个，分别占获证总数的9.42%和18.04%。

中国台湾及境外 2023年，中国台湾地区及境外有机产品获证企业63家，产品191个，分别占获证总数的4.64%和3.96%。

2023年中绿华夏有机产品认证中心认证有机企业最多的3个省份是江苏、青海和安徽；认证有机产品生产面积最大的3个省份是青海、甘肃和西藏。

2023年各地区有机产品发展情况

地区	企业数量（家）	产品数量（个）	基地面积（万亩）
安徽	102	166	23.05
北京	11	46	3.76
重庆	73	142	14.55
福建	45	288	14.28
甘肃	62	230	407.89
广东	26	76	2.22
广西	52	172	18.36
贵州	5	10	5.52
海南	6	15	0.13
河北	52	283	14.35
河南	9	26	0.65
黑龙江	83	649	198.8
湖北	73	248	39.23
湖南	79	301	13.73
吉林	23	133	42.09
江苏	141	316	25.71
江西	29	137	36.55
辽宁	22	88	34.55
内蒙古	75	230	173.19
宁夏	16	43	1.66
青海	115	383	28 568.60
山东	57	215	15.02
山西	35	120	7.56
陕西	11	27	0.98
上海	8	18	0.46
四川	27	52	202.07
台湾	1	3	0.002 3
天津	3	5	18.54

（续表）

地区	企业数量（家）	产品数量（个）	基地面积（万亩）
西藏	28	73	361.85
新疆	4	24	68.43
云南	19	90	14.84
浙江	5	25	0.13
境外	62	188	256.00
总计	1 359	4 822	30 584.75

（四）乡村振兴推进情况

2023年，中绿华夏有机产品认证中心积极按照农业农村部和中国绿色食品发展中心的要求，继续落实脱贫地区发展有机农业优惠政策，对国家乡村振兴重点帮扶县及农业农村部定点帮扶地区等422家企业减免费用442.08万元，以实际行动带动有机农产品生产经营主体增效，为推进乡村全面振兴、加快建设农业强国贡献力量。

二、基地建设

有机农产品基地建设工作充分利用农业系统资源条件，发挥工作体系优势，聚焦生态、环保，满足市场多元化、绿色化消费需求，坚持"成熟一个，发展一个"的指导思想，本着"因地制宜、质量为先、动态管理、健康发展"的原则，以市场需求为导向、以质量效益为核心、以机制创新为动力，近些年来，各地围绕国家和地方环境功能区划、生态功能区划和产业发展规划，科学布局，因地制宜推进基地建设稳步扩大总量规模，不断提高发展质量，持续加强品牌建设，积极探索总结成功典型模式。截至2023年底，已累计建成有机农产品基地128个，涉及水稻、茶叶、畜产品、水果和蔬菜等多品类。

地方典型1

安徽潜山抢抓机遇　增强"三农"发展新动能

安徽省潜山市抢抓有机工作机遇，积极开展有机认证，大力发展有机产业，不断增强"三农"发展动能，以中绿华夏有机产品认证中心为标杆，引领带动全市有机工作持续发展。截至2023年底，全市132家企业169个产品通过有机产品认证，认证面积11万余亩，年产量4.83吨，其中，经中绿华夏有机认证中心认证的生产经营主体3家，有机产品6个，成功创建全国有机农产品基地（茶叶、瓜蒌籽）。

1. 坚持科学规划，用好生态"绿底子"

潜山市始终坚持"生态立市"战略，立足全市发展大局，把发展有机农业作为转变农业发展方式、保护环境和维持生态平衡的重要抓手，绘就有机发展蓝图。一是坚持高质量推动。以建设大基地、培育大产业、塑造大品牌、开拓大市场为总体发展方向，大力推进园区化建设、标准化生产、规模化经营、品牌化营销、市场化融资。二是坚持系统布局。以本地特色农产品茶叶、瓜蒌等为主导，系统制订有机产业发展规划，着力探索三产互动、产业相融的发展模式，积极走农旅结合、文旅互动的特色发展之路，带动产业增效、农民增收。三是坚持宣传引导。举办有机产品认证系列宣传活动，引导帮扶农业生产经营主体开展有机产品认证，建立有机产品认证与乡村振兴扶持联动机制。四是坚持政策引领。进一步完善政策机制，出台《潜山市促进农业高质量发展若干政策》，鼓励发展有机产业。

2. 严格智慧监管，守好安全"台柱子"

充分利用安徽省农产品质量安全智慧监管平台，实现农产品的全程可追溯和预警，县乡两级通过微信小程序"农监宝"等信息化手段开展监管巡查工作，对农产品质量安全进行智慧管控。指导基地经营主体规范开具承诺达标合格证，保证农产品带证上市，保障全程可追溯。

3. 强化技术支撑，拓宽发展"新路子"

突出科技兴农，加强标准、人才、技术三大体系建设，以技术支撑引领有机产业发展。一是完善标准体系。针对市内农业主导产品瓜蒌和茶叶，建立从育种、种植、加工到包装全产业链标准体系，促进有机产业提质增效。二是注重人才培养。结合高素质农民培育工作，优先遴选有机生产经营主体开展培育，进一步提高主体经营管理能力和农产品质量安全水平。三是突出技术指导。制定26项农业主推技术，积极推行统防统治、绿色防控、配方施肥、健康养殖，引导有机产业持续健康发展。

4. 推动产业经营，鼓起农民"钱袋子"

坚持市场化经营、规模化发展，着力做强做优做大有机产业。一是龙头带动。通过龙头企业带基地、基地带农户的模式扩大有机农业生产规模，安徽有余跨越瓜蒌食品开发有限公司作为全国有机农产品基地对接企业辐射带动农户3 100余户增收6 000余万元，在农民脱贫致富、农村经济发展和助力乡村振兴中发挥了积极作用。二是品牌培育。分类指导、重点扶持，建成农特产业基地43.9万亩、"一村一品"示范村、镇59个。三是多元营销。在大型超市设立专柜，开展有机观光、有机采摘，直面消费者集中宣传推广；多次在中央电视台投放宣传广告；在中国国际农产品交易会上特设展厅；在安徽名优农产品与农业产业化交易会上举办品牌推介会；在人民网、中国青年报等媒体进行宣传报道，形成多维宣传格局，有效提高有机产品销量和市场占有率。

安徽省潜山市恨水有机茶业基地

地方典型 2

江西宜春坚守品质初心　打造精品有机山茶油基地

宜春市袁州区位于江西省西北部，是我国油茶主产区的核心区，也是我国重要的优良品种小果油茶盛产地，被誉为"中国油茶之乡"。

有机山油茶基地依托企业江西青龙高科油脂有限公司根植于袁州区，拥有野生油茶林原料基地56 121亩，2004年首次通过中绿华夏有机产品认证，至今已持续认证20年，并于2022年成功创建全国有机农产品（油茶籽）基地。

1. 构建有效的基地管理模式

基地采取公司＋基地＋农户的合作方式进行野生采集管理，由公司负责培训，农户严格按照有机油茶林管理规范进行日常管理、采集，采集的茶籽由公司按市场价收购。

公司任命专人担任有机管理者、内部检查员，下设综合管理办公室、财务部、销售部、生产技术部、质检部等部门。有机管理体系完善，运行顺畅。

2. 构建标准化生产示范基地

公司定期组织生产技术人员到基地开展技术指导，统一组织农户进行采集。在每年的野生采集期前，安排专人进行标准和采集知识培训，经考核合格后方可上山采集。

基地内安排专人开展定期和不定期巡查，发现有违反有机油茶林管理规范的农户，通报并拒收其采集的茶籽，解除采收协议。

为确保基地原生态环境，要求农户采集时不损伤植物的根系，不破坏动植物的栖息地，不破坏其他植被，保留野生动物的食料；严格控制野生采集量，确保油茶籽的可持续采集；采集过程中采摘人员产生的生活垃圾不得丢弃在采集区，以免污染生产基地。

该基地生产的山茶油从产地甄选到油茶种植，再到人工采摘以及产品生产、包装、储存、运输，确保全过程遵循有机操作规程。通过营销团队的市场耕耘，率先让国人认识袁州茶油，认可袁州茶油，继而逐步打开销售市场。2023年，"润心茶籽油"在南方林业产权交易所挂牌上市。其销售网络已遍布上海、北京、江西、广东、浙江、福建、湖南、湖北和四川等地，产品还远销韩国、日本以及东南亚、北美市场。

袁州茶油先后通过了ISO9001质量体系认证、危害分析与关键控制点（HACCP）体系认证、ISO14001环境管理体系认证、有机产品认证和国家原产地标志保护注册。产品自投放市场以来已先后获得"江西省质量监督系统重点保护产品""中国林产品交易会金奖""江西省名牌产品""中国国际有机食品博览会金奖""中国绿色食品畅销产品奖""中国中部最受消费者喜爱的农产品品牌"

等荣誉。

为提高山茶油品质，提高企业竞争力，江西省出台了《江西省山茶油生产经营规范提升行动方案（2023—2025年）》，在这一背景下，袁州茶油品质将获得更好的发展。同时，为做好全国有机农产品（油茶籽）基地建设，袁州区农业农村局成立了油茶籽全国有机农产品基地建设工作领导小组，推动有机农产品基地建设工作。袁州区制定出台加快油茶产业高速发展的十条扶持政策，鼓励袁州油茶产业向规模化、标准化、品牌化方向迈进，同时，袁州区农业农村局联合生态环境局、林业局、市场监督管理局等部门建立了农产品质量安全联席会议制度，各成员单位各司其职，分工明确，形成监管合力。

袁州有机山茶油基地及其产品

三、跟踪检查

（一）产品抽检

2023年，中绿华夏有机产品认证中心严控认证质量风险、加强跟踪检查，对大米、茶叶、水果、境外及大项目高风险的378个有机产品进行了抽检，检测不合格产品2个，检测合格率99.5%。在地方农业系统监督抽检备案方面，对河北、辽宁等6个省份353个获证产品进行省级监督抽检计划的审核及备案。

（二）不通知检查

2023年，中绿华夏有机产品认证中心针对上一年度存在认证风险的企业，有机产品认证项目评价表得分低于平均分的企业，日常监管中发现有机生产全过程技术要求较高、工艺复杂、种植面积大、品种多、市场影响力大的企业，以及上一年度进行线上检查的企业开展跟踪检查，共对辽宁、吉林、黑龙江、安徽、江西、山东、广东、广西、重庆、四川、甘肃11个省份的58家获证企业开展了不通知检查，未发现不合格情况。

四、市场宣传

（一）市场推介

2023年，中绿华夏有机产品认证中心成功举办了第十五届中国国际有机食品博览会。展览面积近10 000平方米，共有25个省级展团、467家企业参展，订单交易额及达成意向金额约8亿元，签订经贸与技术投资合作项目470个，达到了"宣传品牌、展示成果、推动交流、促进贸易"的良好效果。多措并举开展市场对接活动，通过发布供求信息、搭建对接平台等方式帮助采购商和获证企业建立联系，拓宽企业销售渠道，通过盒马（中国）、佳农集团、中商惠民等平台累计促进获证企业实现销售额6 000余万元，为获证企业提供增值服务。

（二）品牌宣传

2023年继续做好微信公众号和中绿华夏网站运营，华夏有机农业公众号新设置"寰球有机""有机科普""有机好品"等主题栏目，全年推送文章63篇，总阅读量29 643人次，总分享量1 743人次。截至2023年底，华夏有机农业公众号"有机好品"栏目上线企业13家，中绿华夏网站"企业风采"栏目上线企业182家，多渠道宣传展示中绿华夏有机产品认证中心认证的优秀企业。

企业风采1

南京秦邦吉品农业开发有限公司

南京秦邦吉品农业开发有限公司是一家主要生产有机鸡蛋的企业，也是中国首家取得德米特国际标准认证的有机企业。该公司通过15年的努力，坚守初心，践行有机农业，倡导保护生态环境、修复土壤活力和保障食品安全，是国内目前唯一一家种养结合、生态循环利用的生物动力农场，在中国有机事业的道路上竖起醒目的"路标"。

五星级养殖环境——用心 有机蛋鸡散养于天然环境中，发酵床技术的使用使养殖场内没有鸡毛飞、没有鸡粪臭，产蛋区、休息区、饮食区、饮水区和活动区等区域功能分明，采用种养结合的闭合式生产方式。

五星级喂养方式——精心 秦邦吉品农场有500多种生物，每平方米土壤里平均有106条蚯蚓，大量的鸟儿在农场栖息。秦邦有机蛋鸡吃农场自产的稻谷、玉米、小麦及各种蔬菜水果，觅食百虫百草，有机蛋鸡的抗病能力强，所产鸡蛋的营养价值优于普通鸡蛋。

五星级鸡蛋品质——放心 秦邦有机鸡蛋产区环境优良，与普通鸡蛋相比，具有高维生素、高矿物质、高蛋白质、低胆固醇的"三高一低"特点，是老少皆宜的健康食品。

五星级有机认证——安心 秦邦有机鸡蛋获得中国有机认证、欧盟有机认证和德米特认证，并蝉联7届国际有机博览会唯一的鸡产品金奖。

企业风采 2

大连鑫玉龙海洋生物种业科技股份有限公司

大连鑫玉龙海洋生物种业科技股份有限公司是一家集海参苗种繁育、海上设施增养殖、产品精深加工及产品营销为一体的全产业链海参生产企业。该企业以平岛为海参基地，坚持有机农业的生产模式，并先后获得水产养殖、水产品加工双有机产品认证。鑫玉龙坚持守护中华辽参，引领中国海参产业的融合创新发展。

该企业建有农业农村部刺参遗传育种中心鑫玉龙分中心、省级种质资源场（良种场），与华大基因研究院联合成立了辽参分子辅助育种实验室，自主研发、荣获30余项国家级专利。参苗生长在24小时监控的环境中，吃生态饵料与提高免疫力的益生菌，杜绝抗生素。严谨的标准化育苗体系，使小白点、网箱苗、越冬苗、手捡苗4个生长阶段的有机参苗年产量达1500余吨，平岛海参基地成为我国重要的海参种苗来源地。该公司还首创了海参放养的细胞生态围格法，在平岛周边建设了12个海参守护区，犹如一个个细胞，"细胞壁"能有效降低自然风险，"细胞"里的海水可以跟随潮汐自然更换，"细胞"内水深6~8米，密布鼠尾藻、褐藻（大叶菜）等海藻供海参食用。海参在这样的环境中，依靠完整的海洋生物链自然生长5年，才最终被捕捞，加工为以"鑫玉龙"品牌为首的三大系列40余款产品，销往全国各地。每款产品都具有国家地理标志和有机食品双认证，以及SGS和大连市水产品质量安全双溯源保障。从2004年创立至今，"鑫玉龙"有机辽参系列产品凝聚了平岛人的传承、匠心、创新与担当。

五、队伍建设

（一）地区工作站

中绿华夏有机产品认证中心不断加强体系支撑，2023年组织召开了地区工作站座谈会，对成立满3年的地区工作站进行了能力评价。

（二）有机检查员

2023年，中绿华夏有机产品认证中心组织各类型有机产品认证检查员培训班5次，共1 600余人次参加培训，取得了良好效果。截至2023年底，中绿华夏有机产品认证中心共有国家注册检查员346人，其中高级检查员79人，注册实习检查员22人。

（三）企业内部检查员

为进一步提升企业内部检查员的能力，加强对企业的指导与服务，中绿华夏有机产品认证中心2023年录制了新的内部检查员培训教学视频，组织编写并出版了《有机农产品认证工作指南》。2023年共举办有机产品内部检查员培训班2期，支持地方举办有机产品内部检查员培训班7期，共有来自全国524家企业的内部检查员参加培训。2023年共注册有机产品内部检查员725人。截至2023年底，有效内部检查员总数为1 700人。

六、国际合作

（一）境外认证

截至 2023 年底，中绿华夏有机产品认证中心境外认证企业共 56 家，认证项目 76 个，覆盖 24 个国家和地区。2023 年共有境外新申报企业 13 家，认证项目 14 个。

（二）国际合作

中绿华夏有机产品认证中心持续拓展国际合作，新发展拉丁美洲认证机构 IMOcert 为合作伙伴，继续深化与澳大利亚 ACO、NCO、AOFRC，意大利 Federbio，丹麦 COFC-EU，德国 Sellbio，拉脱维亚 STC，英国 CCIC London，立陶宛 EKO，智利 BioAudita 等境外认证机构的合作，持续提升"中绿华夏"品牌境外影响力，拓展境外认证业务。中绿华夏有机产品认证中心进一步加强与日本有机和自然食品协会（JONA）在国际标准认证业务、技术、培训等方面的合作，持续为获证企业提供国际标准认证服务，促进农产品出口到欧盟、日本和加拿大等国家和地区。2023 年，共有 47 家经中绿华夏有机产品认证中心认证的企业获得国际标准认证证书，其中包括欧盟有机证书 40 张、日本有机标准证书 48 张、加拿大有机标准证书 10 张，IFOAM（国际有机运动联盟）标准证书 2 张。

2023
绿色食品发展报告

第四篇

地理标志农产品

广西开山毛白茶基地

第四篇　地理标志农产品

一、地理标志农产品发展情况

（一）产品发展

截至 2023 年底，全国累计登记农产品地理标志 3 510 个，其中，脱贫地区登记农产品地理标志 924 个，占全国总数的 26.3%，涉及 23 个省份 461 个县（市、区），占脱贫县（市、区）总数的 55.4%；国家农产品质量安全县登记农产品地理标志 359 个，国家乡村振兴重点帮扶县登记农产品地理标志 213 个，民族地区登记农产品地理标志 885 个。

（二）产品结构

截至 2023 年底，全国农产品地理标志中，种植业类产品共计 2 696 个，占产品总数的 76.8%。其中，果品类产品 957 个，占产品总数的 27.3%；蔬菜类产品 592 个，占产品总数的 16.9%；粮食类产品 418 个，占产品总数的 11.9%；茶叶类产品 240 个，占产品总数的 6.8%；药材类产品 231 个，占产品总数的 6.6%；其他种植类产品 258 个，占产品总数的 7.3%。畜牧业产品共计 540 个，占产品总数的 15.4%。渔业产品 274 个，占产品总数的 7.8%。

（三）区域分布

全国农产品地理标志中，北京、天津、河北、山东、江苏、上海、浙江、福建、广东和海南 10 个东部地区省份共有农产品地理标志 963 个，占比 27.4%；山西、安徽、江西、河南、湖北和湖南 6 个中部地区省份有农产品地理标志 888 个，占比 25.3%；内蒙古、广西、重庆、四川、贵州、云南、西藏、陕西、甘肃、青海、宁夏和新疆 12 个西部地区省份有农产品地理标志 1 366 个，占比 39.0%；辽宁、吉林和黑龙江 3 个东北地区省份有农产品地理标志 293 个，占比 8.3%。

（四）品牌宣传

2023 年 9 月 23 日，国家地理标志农产品展示体验馆开馆，体验馆坐落在全国农业展览馆内，总面积 5 000 平方米，首批有北京、河北和内蒙古等 15 个省份的 239 家企业、550 余个产品入驻。青海、黑龙江和广西等省份依托国家地理标志农产品展示体验馆开展品牌推介活动。2023 年 11 月 9—12 日在山东青岛举办的中国国际农产品交易会设立了地理标志农产品展区，部分省份组织本地区的绿色食品、有机农产品及地理标志农产品参展。

（五）国际合作

持续落实中欧地理标志协定，完成第二批54个中欧互认地理标志农产品技术文本的修订。2023年9月6—7日，中国—瑞士知识产权工作组第十二次会议在瑞士召开，中国绿色食品发展中心相关人员参加了地理标志议题的交流。

（六）基地建设

支持全国各地创建以县域为单元的全国绿色食品（绿色优质农产品）高质高效试点13个、全国绿色食品发展重点市（地市级）2个。安徽省印发了地标性绿色食品生产基地建设管理办法，促进地理标志和绿色食品融合发展。

广西恭城月柿

二、农产品品质规格营养功能评价

2023年2月，中国绿色食品发展中心邀请院士和行业专家召开农产品品质规格营养功能研讨会，形成农产品品质规格营养功能评价10～15年目标任务和推进举措，明确优先聚焦特色粮油、果品、蔬菜、茶叶、食用菌、畜禽和功能性农品，优先选择市场销量大、品质差异明显、用途广泛、公众对品质规格营养功能高度关切的品类或品种，并开展评价技术规范和方法研究。

2023年6月，启动了马铃薯、黄花菜、辣椒、特色牲畜奶、大黄鱼等20个特色农产品独特品质规格营养功能评价研究，探寻相应特色农产品的营养成分与特色品质，构建中国主要农产品品质规格营养功能数据库，以支撑品种研发、技术研究、指导生产、引导消费、物流加工等方面对农产品品质规格营养功能基础数据信息的需要。与此同时，配套启动了农产品品质规格营养功能评价实物标样、品质规格营养功能快速评价技术等5个方面的基础性研究。

组织开展了全国性农产品品质规格营养功能评价科学研究与技术研发2022/2023年度亮点成果名录征集，在相关单位推荐基础上，经专家综合审评，共有中国农业大学等单位的12项技术成果纳入2022/2023年度农产品品质规格营养功能评价科学研究与技术研发亮点成果。

三、农耕农品记忆索引名录征集

为贯彻落实习近平总书记关于赓续农耕文明，开发农业多种功能、挖掘乡村多元价值的重要指示，推进乡村特色产业发展，充分展示独具农耕文化的乡村面貌、乡土特产和农耕资源，加强名优农产品农耕农品培育，满足公众对农耕农品传承、感悟与体验的需要，中国绿色食品发展中心探索启动农耕农品记忆索引名录征集工作。

农耕农品记忆索引名录征集范围，包括涵盖具有农耕文化记忆（印记）传承属性并源于种植、养殖、生产、消费过程，彰显农业多种功能与乡村多元价值，满足乡愁感知感悟感念，且具有独特生产、加工、贮藏、保鲜、消费、技艺、品质特性与风格特色的农产品及相关产品。

2023年，根据农耕农品记忆索引名录征集程序要求，太平葫芦烙画等298个产品，经县级农业农村部门审核，地市级、省级农业农村部门绿色食品(绿色优质农产品)工作机构审查，专家技术审评确认，在中国绿色食品发展中心网站公示后，被纳入第一批农耕农品记忆索引名录。

首张中国农耕农品记忆索引名录产品证书